Couverture inférieure manquante

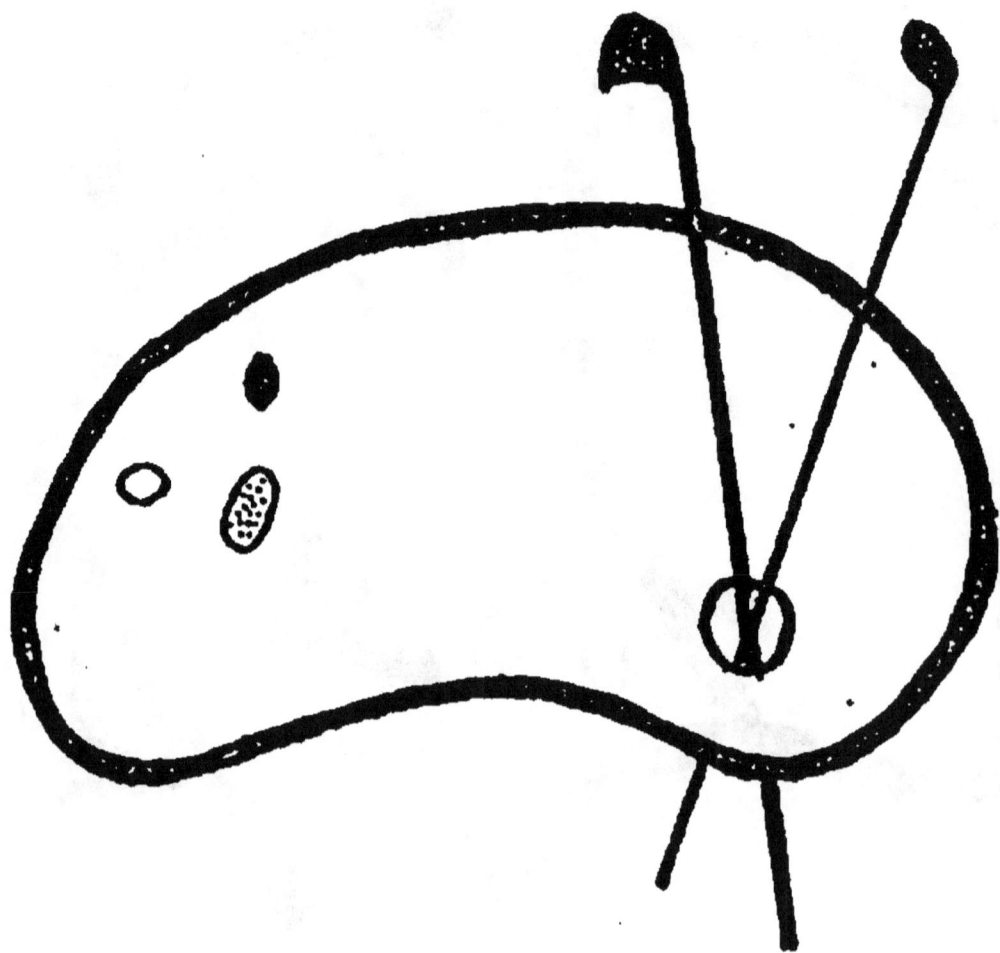

DEBUT D'UNE SERIE DE DOCUMENTS
EN COULEUR

EUSÈBE BOMBAL

NOTES ET DOCUMENTS

POUR SERVIR A L'HISTOIRE

DE LA

MAISON DE SAINT-CHAMANS

RÉCIT GÉNÉALOGIQUE A SES ENFANTS

PAR LE MARQUIS

ANTOINE-MARIE-HIPPOLYTE DE SAINT-CHAMANS

TULLE

IMPRIMERIE CRAUFFON

36, rue du Trech, 36

1891

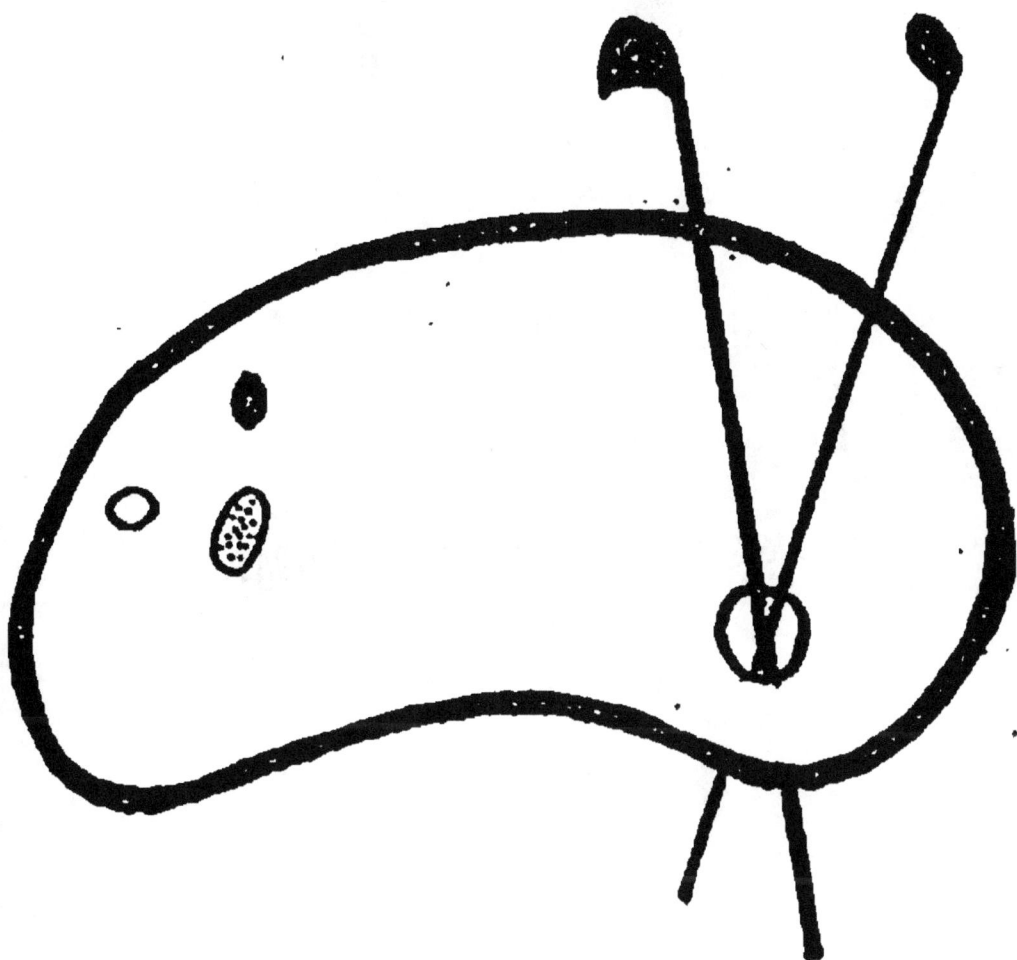

FIN D'UNE SERIE DE DOCUMENTS
EN COULEUR

MAISON DE SAINT-CHAMANS

EUSÈBE BOMBAL

NOTES ET DOCUMENTS

POUR SERVIR A L'HISTOIRE

DE LA

MAISON DE SAINT-CHAMANS

RÉCIT GÉNÉALOGIQUE A SES ENFANTS

PAR LE MARQUIS

ANTOINE-MARIE-HIPPOLYTE DE SAINT-CHAMANS

TULLE

IMPRIMERIE CRAUFFON

36, rue du Trech, 36

1891

DONJON DE SAINT-CHAMANT

MAISON DE SAINT-CHAMANS

———

Ce qu'on va lire est la première partie de mémoires dont la suite sera peut-être publiée. L'auteur ne les a pas écrits en vue de la publicité,
mais uniquement pour ses enfants. En résumant
les traditions et les souvenirs de sa race, il n'a
pas cherché à leur inspirer une sotte vanité. Il a
voulu leur montrer la voie qu'ils avaient à suivre
pour figurer dignement dans la longue suite de
leurs aïeux. Cette tâche avait en même temps un
but d'utilité prochaine, celui de réunir les preuves
de noblesse qui devaient faciliter leur entrée soit à
la Cour, soit dans l'ordre de Malte où, déjà, plusieurs Saint-Chamans s'étaient illustrés ; et il leur
apprend qu'elle a coûté « bien du tems, du travail
et de l'argent. »

La seconde partie est le récit de la vie de l'auteur. Il écrivait les dernières pages au temps de
l'Assemblée nationale, 1790. Il prévoit la catas-
trophe qui va suivre. Les encyclopédistes ont tenté
de l'enrôler en le flattant ; mais il s'est garé de
leurs pièges. Il a vécu dans les camps et à la

Cour. Il raconte des particularités qui intéressent l'histoire.

Le manuscrit de ces mémoires, de la main de l'auteur, contient des incorrections et des répétitions qu'une simple lecture eût fait disparaître. Je me suis permis, avec l'autorisation de la famille, de faire ce que le marquis de Saint-Chamans eût certainement fait lui-même si le temps ne lui eût manqué. A cela près, son texte a été scrupuleusement respecté. J'ai dû cependant éliminer certains détails intimes qui, pour le public, n'eussent été que des longueurs.

La maison de Saint-Chamans se compose d'un grand nombre de branches. La partie des mémoires qui va suivre est le récit généalogique de celle dont l'auteur descend. Les collatéraux n'y sont que sommairement indiqués. Il manque trente-sept pages in-folio à ce cahier ; mais cette lacune n'atteint pas la généalogie.

Dans l'appendice se trouvent, entre autres pièces, la suite de la généalogie jusqu'à nos jours, un tableau des seigneurs de Saint-Chamans au xive siècle et un tableau généalogique de la maison d'Ornhac-Saint-Chamans.

Autant que je l'ai pu, j'ai complété, éclairé et rectifié le texte par des notes mises au bas des pages. D'autres notes, sans rapports directs, se trouvent à la fin avec un errata de la première partie de mon travail sur Saint-Chamans, publié dans le Bulletin de la Société, année 1885.

Par l'intermédiaire de La Chesnaye-Desbois, je présente l'auteur :

« Antoine-Marie-Hippolyte, comte (depuis marquis) de Saint-Chamans, seigneur de Frouville, second (1) fils d'Antoine-Galliot et de Marie-Louise

---

(1) Il était le dernier né de cinq sœurs et de quatre frères.

Larcher, né le 6 février 1730 (1), mousquetaire de la seconde compagnie, reçu le 7 septembre 1745, guidon de gendarmerie en 1746, second cornette des chevau-légers Dauphins, puis, le 30 avril 1748, premier cornette des chevau-légers de Bretagne, successivement sous-lieutenant des gendarmes Flamands, le 6 avril 1758; et enfin, le 11 janvier 1762, capitaine-lieutenant des chevau-légers de Berry, nommés de Bourgogne avant 1763. Cette compagnie ayant été réformée, il a été nommé capitaine-lieutenant des gendarmes de la Reine en 1763, s'est trouvé depuis 1766 à toutes les batailles; et à celle de Friedberg, il a battu les escadrons de l'aile gauche; est depuis 1770, maréchal des camps et armées du Roi, et aujourd'hui gentilhomme d'honneur de M. le comte d'Artois. Il épousa, le 4 août 1766, Marie-Françoise de Fougières, fille de Marie-François, comte de Fougières, sous-gouverneur du Roi, maréchal de camps et maintenant premier maitre d'hôtel de M. le Comte d'Artois. »

Le marquis Hippolyte a écrit, pour l'instruction de ses enfants, plusieurs ouvrages, sans doute demeurés inédits, que l'on trouve cités dans le récit de sa vie. Ce sont : 1° *Défense des frontières et conquêtes de Louis XV;* 2° *Ouvrage sur les mathématiques,* résumé de 170 volumes de géométrie; 3° *Catéchisme* pour l'instruction religieuse de son fils ainé, examiné par plusieurs docteurs en Sorbonne assemblés; 4° *Traduction du premier chapitre de la Genèse;* 5° *Traduction des Nuits d'Young,* publiée par les encyclopédistes. Il savait en outre très bien l'allemand. En 1748, il collabora avec Cassini au lever de sa carte du cours du

---

(1) A Paris.

Demeer et fut « trois semaines à grimper les clochers avec lui. »

Tous les papiers de la famille étaient en la possession de Gaëtan de Saint-Chamans, fils aîné du fils du marquis Hippolyte, mort au château de Vignolles près Paris, le 15 janvier 1856. Sa veuve, lors de l'investissement de cette ville, en 1870, fut obligée de quitter le château; et presque tout ce qui s'y trouvait, notamment les titres les plus précieux, fut brûlé par les Prussiens. Le château a été vendu après la guerre.

Parmi ces titres, il y avait un terrier complet et quantité de pièces remontant aux Croisades et ayant trait aux affaires de l'Ordre de Saint-Jean de Jérusalem.

Ce qui a échappé à ce désastre ne consiste malheureusement, à peu près, que dans le récit du marquis Hippolyte et m'a été communiqué par M. de Clérambauld (1), qui a épousé Mlle de Saint-Chamans, fille de Gaëtan.

Quand je rédigeai mes premières notes, je n'eus à ma disposition que des généalogies contradictoires; il me fut impossible de grouper selon leur filiation les personnages qui y figurent. C'est ce qui me détermina à n'en donner qu'une liste chronologique forcément obscure et aride. Ce travail n'a cependant pas été inutile; il m'a valu la communication dont il vient d'être parlé, qui va le rectifier et mettre à jour bien d'autres erreurs.

Le marquis Hippolyte avait connaissance de Moréri, qui vivait au xviie siècle, et aussi de La Chesnaye-Desbois, puisqu'il a laissé à ses héritiers un exemplaire des œuvres de ce dernier. Il

_____

(1) C'est à l'habile crayon de M. de Clérambauld que je dois aussi le dessin qui précède et qui représente le donjon de Saint-Chamans dans son état actuel.

est donc absolument certain qu'il a entendu cor-riger ces deux auteurs. Mais la Révolution surve-nant lui imposa d'autres soins. Puis vint la mort; c'est ainsi que ce travail est demeuré inédit et que l'erreur a continué d'avoir cours.

Cette communication avait été faite déjà à M. Louis de Veyrières, de Beaulieu, notre gra-cieux chantre de la Vierge et savant auteur des *Sonnettistes anciens et modernes,* qui se repose d'une course au Parnasse par une station au char-trier. M. de Veyrières prépare sur la maison de Saint-Chamant un travail important auquel je me réfère pleinement pour compléter celui-ci.

RÉCIT GÉNÉALOGIQUE A SES ENFANTS

PAR LE MARQUIS

ANTOINE-MARIE-HIPPOLYTE DE SAINT-CHAMANS

Il seroit trop long, mes enfants, et ce n'est pas le lieu de vous parler de ce quatrième enfant qui n'a pas parcouru sa carrière sans quelques luttes. Peut-être qu'un jour je vous ferai mon histoire. Passons à celle de la plus tendre des mères.

MARIE-LOUISE LARCHER

Votre ayeule.

Marie-Louise Larcher étoit née à Châlons, en 1695 ou 1696, pendant que son père étoit intendant. Depuis, il eut, après son père, une charge de président de la chambre des comptes. La famille de Larcher est une des plus anciennes et des plus illustres de la robe, dont aucune, à l'exception de quatre ou cinq, ne remonte jusqu'au règne de Charles VI, qu'un Larcher étoit lieutenant de Simon Morhier, prévôt de Paris, ce qui étoit à peu près la charge de lieutenant civil d'aujourd'hui.

Claude Larcher se distingua par son attachement pour le roi et fut pendu par les Seize, avec MM. Brisson et Tardif. Il fut enterré à Ste-Croix de la Bretonnerie, où est la sépulture de la famille. Mrs de Voyer d'Argenson descendent de ce Claude Larcher par leur mère, mad. d'Argenson, qui étoit Larcher. Nous n'en descendons point, mais de l'un de ses frères. Cependant cet exemple de fidélité en est un pour nous; il nous montre quelle étoit la façon de penser de la robe pour lors.

Ma mère s'est mariée en 1702. Sur son contrat de mariage, vous verrez ses plus proches parents. C'étoit l'usage, pour lors, que les parents jusqu'au quatrième degré signassent. Ce qui nous forme, parmi leurs descendants, une liste aussi nombreuse que brillante.

Ma mère étoit fille unique.

En 1718, mon père acheta Villenauxe (1) et vendit Olisy, qui étoit des biens de ma mère, jolie terre en Champagne que j'ai regrettée.

La naissance de cinq sœurs et de trois frères sont à peu près les seules anecdotes que j'aie de ma mère avant ma naissance. Tout ce que je sais, c'est qu'elle étoit fort vive, fort aimable, qu'elle écrivoit à merveille et beaucoup. Elle a trouvé le moyen de meubler presque tout l'immense château de Villenauxe avec des ouvrages de tapisserie en partie de sa main. Les femmes les plus raisonnables sont celles dont on parle le moins pendant la vie de leurs maris.

En 1731, elle perdit mon père, le 18 juin; et c'est alors que se manifesta plus particulièrement sa tendresse extrême pour ses enfants. Elle conserva tous les amis de mon père, qui n'étoient nullement de son âge. Ils nous ont été extrêmement

---

(1) « La seigneurie de Villenauxe est une ancienne châtellenie, faisant partie de la terre de Montaiguillon, chef-lieu, à une lieue et demie de distance, érigée en marquisat par Louis XIII, en 1627, pour M. de Villemontée, originaire d'Auvergne, conseiller d'Etat et intendant de la Rochelle. Ce marquisat comprenait Villenauxe, Dival, Margenost, Louan et Fontaine; Villeguin et Mont-le-Potier y ont été joints depuis.

Le château de Montaiguillon était une forteresse renommée la plus forte de la Brie, dont les Anglois furent obligés de lever le siège en 1424. M. de Baudricourt, qui l'avait eu de M. de Boucicaut, en était alors seigneur. Il passa, par les filles, dans la maison de Choiseul, qui en a joui jusqu'en 1593. M. de Villemontée en fit l'acquisition. Louis XIII fit raser ce château en 1613, et dédommagea ce seigneur de 60,000 écus, avec lesquels, en 1617, il fit construire celui de Villenauxe. Le premier maréchal d'Estrée, à qui il fut vendu, fit élever deux pavillons. M. de Villemontée, évêque de St-Malo, y rentra, et en 1649, donna cette terre en mariage à madme la Comtesse de Belloy, sa fille, d'où elle passa à madme la Comtesse de Livron, dont le fils, le marquis de Livron la vendit en 1718, à M. le marquis de St-Chamans, maréchal des Camps, père d'Alexandre Louis, marquis de St-Chamans, de Montaiguillon, vicomte de la Barthe, de Rubenac, lieutenant général des armées du Roi, gouverneur de St-Venant en Artois, grand sénéchal d'épée de la province de Béarn, qui en est aujourd'hui seigneur. »

(Extrait de la Topographie de la Brie, de 1789. — Nte du Mis Hippolyte.)

utiles. Elle commença par rester trois ans à la campagne pour payer toutes les dettes mobilières. Pendant ce tems-là se présenta pour ma sœur ainée, que l'on n'avoit pas voulu donner au marquis (1) de St-Chamans du Pescher, chef de la branche cadette, par un reste de levain des malheureuses divisions qui avoient régné pendant cent vingt ans entre les deux branches, et qui avoit épousé, en 1732, Melle de Malezieux. M. le m^is Le Fournier de Wargemont. Il étoit officier des gendarmes de la garde, avec de très-belles terres en Picardie, Ma sœur (2) l'épousa en 1733, à l'âge de 17 ans. Ma mère, ne consultant que son cœur et ne pouvant se persuader que les biens sur la ville, réduits, pour les rentes, à la moitié, ne valoient plus que la moitié de leur valeur fictive, lui donna cent cinquante mille francs en mariage, somme très-considérable pour ce tems-là.

En 1734, après la naissance de mon neveu, ma mère revint à Paris, toujours logée à la place Royale, où je suis né et dont, pour lors, les vingt-sept maisons étoient occupées par des gens du plus haut parage.

En 1739, se présenta pour ma sœur (3), déjà âgée de vingt-deux ans, ou, pour mieux dire, ma mère rechercha M. le comte de Mailly (4) et vint à bout de faire ce mariage, pendant qu'elle avoit la petite vérole, qu'elle avoit gagnée de mon frère et que nous ne gagnâmes ni ma sœur ni moi quoique habitant les chambres voisines.

L'on ne donna à Mad. de Mailly que cent mille francs et cinquante mille francs d'assurés.

En 1740, il vaqua un guidon des gens d'armes de la garde dont le prix étoit de cent mille francs. La tendresse maternelle persuada promptement à ma mère de l'acheter pour mon frère (5), qui, moyennant cela, se trouva colonel avant quatorze ans; et ce fut l'origine de sa fortune militaire.

En 1742, il fit sa première campagne qui coûta fort cher.

---

(1) Louis.
(2) Bonne-Gabri..e, née en 1716. (La Chesnaye-Desbois).
(3) Marie-Louise, née en 1717.   (Idem.)
(4) Alexandre-Louis, mort en 1749.   (Idem.)
(5) Alexandre Louis.

En 1743, il fut blessé. Je vous ai raconté (1) toutes les inquié-
tudes de ma mère, les grâces qu'il obtint, sa réputation rem-
plissant toutes les sollicitudes de cette mère tendre.

En 1746, il vaqua et elle obtint pour moi le guidon de M. du
Guesclin, mort d'un coup de pied de cheval; je l'eus à dix-
mille francs de moins. Trois semaines après, M. de Champi-
nelles, officier des mousquetaires, voulut quitter, et ma mère
lui offrit soixante-dix mille francs de la cornette pour moi.
Cela n'eut pas lieu, et je restai avec mon guidon de gendarmerie. J'avois seize ans. Ma mère n'ayant pas quarante mille
francs, fut obligée de demander une avance à ses marchands
de bois, qui lui retinrent dix-mille francs par an, avec des
intérêts usuraires. Elle croyoit m'en faire présent. Dieu, qui
dispose des évènements, a permis qu'elle mourut comme elle
tenoit la plume pour ratifier ce don, que j'ai été obligé de
recevoir en partage.

Après avoir traité plusieurs mariages pour mon frère,
l'amour lui fit épouser Mᵉˡˡᵉ de Souvré (2).

Tant pour le mariage de mes sœurs que pour nos emplois
militaires, il y avoit plus de six cent mille francs dehors de
la maison. Ma mère commença à éprouver quelque pénurie
d'argent et dut être obligée de passer quelque tems à Villenauxe.

En 1749, au mois de septembre, je perdis M. de Mailly, mon
beau-frère, et au mois de décembre, sa femme, cette sœur que,
malgré la différence d'âge, j'aimais si tendrement. La tutelle
de ses petits-enfants revint à ma mère ainsi que la garde-noble
qui ne le lui a ni coûté ni valu.

Peu après, ma mère s'affaiblissoit par le trop de tendresse
qu'elle avoit pour ses enfants. La perte de sa fille, d'autres
contrariétés avoient altéré sa santé. Ma sœur ainée se rema-
ria (3). Cela acheva d'affecter sa poitrine. Je la perdis le 5 novembre. Ce n'étoit que sanglots dans toute la ville de Ville-

---

(1) Sans doute, dans les premières pages qui manquent.

(2) Françoise-Aglaé-Sylvie le Teiller, née le 21 sept. 1727, fille
de François Louis, mⁱˢ de Souvré. (La Chesnaye-Desbois).

(3) Au mⁱˢ d'Avenes de Calonne, en Auvergne, (Id.)

nauxe. Nous devons tout à cette respectable et digne mère, qui n'a vécu que pour ses enfants.

Ma mère n'avoit qu'un frère, Pierre Larcher, président à la chambre des comptes, qui d'Anne de Jancier, morte en 1755, à quatre-vingt-dix ans, conservant sa tête, son esprit et son aménité, a laissé une fille qui a épousé le s^r de Mérinville et est morte sans enfants, et Michel Larcher maître des requetes qui, de Melle Thiroux, a laissé un fils unique, Pierre Larcher, qui a épousé la fille de son gouverneur.

Ma grand'mère, — parents :

Melle Rioult d'Ouilly de Cursay, femme de Michel Larcher, d'une famille de finance pour laquelle cependant on n'a point été obligé d'obtenir de bref à Malte, avoit pour tuteur M. de Cursay, lieutenant des armées du roi, mort en 1785, et pour aïeus :

Mad. de Monconseil, mère de mad. la princesse d'Hénin et de mad. de la Tour du Pin.	Mad. d'Emery, mère de M. d'Emery, qui a produit la duchesse de Lévis et mad. de Blot.

Autres enfans :

Mad de Polignac, morte sans enfans.	Mad. de Baye, qui avait épousé son cousin germain.

Ma grand'mère avoit pour sœur mad. Berthelot de Pleneuf mère

de mad. de Prie et de M. de Baye qui a produit M. de Baye,	et d'autres enfans, entre autres, mad. Baudoin, mère de mad. de Roy.

A la génération plus haut des Larcher, se trouvent les Maurepas, dont nous hériterions au défaut des enfants de mad. de Cossé, les Le Camus, les Langeron, les Damas, les Montbarrey, les Villaurt et le baron de Crussol, les Coursons.

A la génération plus haut des Larcher, viennent les Gour-
gues, qui ont produit mad. de Fleurange, les Mirault, le président Turgot.

A la génération plus haut, les Gilbert de Voisins et presque
toute la robe de Paris.

Ayeul :

Mon père est né en septembre (1) 1665, a été baptisé sous le
seul nom de baptême de Galliot; il y ajouta ensuite le nom
d'Antoine, qui, je crois, étoit son nom de confirmation; il s'est
marié sous le nom d'Antoine-Galliot et a été enterré sous le
nom d'Antoine.

Le partage avec son frère, commencé le quatre mars 1693,
sous le nom de Galliot, chevalier de St-Chamans, a été continué, en 1712, sous le nom d'Antoine-Galliot, marquis de
St-Chamans et de Mézières; et la quittance finale de 1715 est
sous le même nom; cet acte lève toutes les difficultés que ce
changement de nom pourroit occasionner.

En 1678, il suivit son frère en Espagne et fut enveloppé dans
sa disgrâce.

En 1690, il eut un brevet d'aide-de-camp des armées dans
l'armée de Monseigneur, qui l'attacha à M. de Vendôme. Ces
brevets d'aide-de-camp des armées devoient être à peu près ce
qu'ont été depuis les places d'état-major de l'armée.

En 1692, il fut blessé à la bataille Steinkerck. Il est sur la
liste des blessés de la relation imprimée.

En 1693, il fut capitaine au régiment de Royal-Etranger, à
l'âge de vingt-huit ans.

En 1705, M. le duc de Quintin Lorges, gendre de M. de
Chamillard, quitta. Mon père, qui se trouvoit bien avec M. de
Chamillard, fit valoir ses services et obtint le régiment. L'em-
barras étoit de payer les 22,400 fr. de la taxe. Une femme de
ses amis les lui prêta; et ce régiment, qui avoit beaucoup
souffert en allant au secours de Lille, parce qu'une partie avoit
sauté y menant un convoi de poudre en sacs derrière les cava-

---

(1) Le 1er septembre (La Chesnaye.)

liers, fut promptement rétabli. Sa brillante tenue (car dès lors c'étoit pour les cavaliers un mérite que des moustaches bien cirées et du clinquant) lui donnèrent une réputation qui fit valoir M. de Chamillard.

En 1705, M. de la Tournelle fut tué à la bataille de Ramillies et laissa vaquer le régiment Royal-Etranger. On le donna à mon père, après l'avoir refusé à M. de Vaudray, capitaine dans ce régiment avant mon père et à plusieurs autres. On donna à M. de Vaudray le régiment de son nom et il prit pour devise dans ses étendards : *J'ai valu, vaux et vaudray.* La compagnie colonelle avoit beaucoup souffert à Ramillies. Mon père représenta que, quoique le régiment fut pour rien, il n'étoit pas en état de remettre la compagnie colonelle. On voulut bien lui donner 10,000 écus pour la rétablir.

En 1709, il fut nommé brigadier des armées du roi et employé tout le reste de la guerre en cette qualité. Il paraît par les lettres des ministres de 1707, 1710, 1711, qu'il fut employé avec distinction dans le Hainault. Le talent naturel et l'expérience de la guerre lui tinrent lieu d'études militaires qui étoient universellement négligées alors. Ce fut à peu près vers ce tems là qu'il fut question de son mariage avec Mlle de Lillers, chanoinesse de Maubeuge, qui ne se fit. Elle a depuis épousé M. le baron de Fumel.

En 1710, mon père vendit 102,000 fr., à M. de Matignon, ce même régiment de Royal-Etranger, qu'il avoit eu pour rien, et il obtint une brigade des gardes-du-corps (compagnie de Boufflers), maintenant Noailles, que l'on ne donnait qu'à des officiers distingués par leur naissance et par leurs talents militaires.

L'on voit par les lettres des ministres qu'il fut chargé, pendant la campagne de 1710, d'un détachement qui eut un grand succès. J'en ignore le détail. Cela s'est passé vingt ans avant ma naissance, et je n'avois que seize mois lorsque mon père mourut. Je crois que ce fut avec l'argent de son régiment qu'il acheta la terre de Mézières, du côté de Dreux. En 1712, il épousa ma mère. Et quoique né sans fortune, il avoit si bien arrangé ses affaires qu'il se trouvoit alors près de trois cent mille francs de fonds. Il avoit alors quarante-six ans et demi.

En 1713, il fut gouverneur de Puylaurent et maréchal de

camp en 1719. La longue paix de 1714 à 1734, comme celle de 1762, qui dure encore en 1790, a rendu inutiles les talens de tous les officiers. Ainsi, il ne reste plus que des anecdotes de la vie privée.

Il me paroît qu'il étoit fort heureux avec ma mère. Au moyen de la brigade des gardes du corps, qui valoit immensément alors, et après la mort de M. Larcher, père de ma mère, ils jouissoient d'un revenu très considérable pour ce tems-là. Il eut d'abord trois filles dont l'aînée mourut jeune, la deuxième a été mad. de Wargemont, la troisième mad. de Mailly ; ensuite un garçon, appelé le marquis de Montaiguillon, qui mourut à quatre ou cinq ans, une quatrième fille morte jeune, un deuxième garçon nommé également marquis de Montaiguillon, mort également à quatre ou cinq ans, ce qui fit croire que ce nom portoit malheur, une cinquième fille morte jeune, mon frère et moi.

En 1708, mon père acheta pour 240,000 fr. la partie de la terre de Villenauxe et marquisat de Montaiguillon, qui vaut aujourd'hui de vingt à vingt-quatre mille fr. de rentes. Ensuite il acheta à un denier un peu plus cher, pour 100,000 fr., la terre de Mont-de-Pothier, qui joint Villenauxe, et enfin, pour 30,000 fr. la terre de Villegruis ; au total 370,000 francs la terre qui vaut aujourd'hui de 40 à 45,000 fr. de rentes. Elle a été estimée à bas prix dans nos partages avec mon frère : 600,000 livres. Mon père vendit Mézières et Olisy, qui venoit de ma mère. J'ai ouï dire qu'il avoit voulu acheter le Houssay et que le marché avoit tenu à fort peu de chose. Cette terre joint d'un côté Villenauxe et de l'autre Provins. Mon père fut fort occupé des embellissements de Villenauxe qu'il fit avec beaucoup de goût et de magnificence. Son petit-fils a culbuté tous les ouvra-ges de son grand-père pour faire des jardins à l'angloise. Le maréchal de Noailles dit à mon père en plaisantant que le chemin de la reine Marie Leczinska étoit par Villenauxe ; mon père répondit que cela lui feroit le plus grand plaisir. Cette gasconade détermina la route de cette princesse, lorsqu'elle vint, à la fin de 1724, de Weissemberg à Fontainebleau, pour épouser le roi. Mon père fit en conséquence ses préparatifs pour la recevoir. Il fit établir une salle des gardes et un appartement orné des glaces et des meubles les plus rares. Il rendit

Villenauxe aussi beau qu'une maison royale. La future reine
fut trois jours à Villenauxe, défrayée avec toute la suite aux
dépens de mon père, ce qui ne fut pas bon marché. L'on donna
à mon père un grand portrait de douze pieds de haut et
il devoit y en avoir un autre entouré de très gros diamans,
ordonné par M. le Duc ; mais le cardinal de Fleury, qui lui
succéda presqu'aussitôt, en fit retrancher la moitié, et les pré-
sens ne passèrent pas la valeur de deux mille écus, ce qui
n'étoit pas la vingtième partie de la dépense. Ma mère servoit
la reine. Il étoit d'usage alors que personne ne mangeât avec
la famille royale en public. Ma mère était grosse de mon
frère, pour lequel cet évènement n'a été d'aucune utilité. Il n'en
est pas de même de moi, qui, trente-neuf ans après, en ai
recueilli tout le fruit. Je demandai, par le canal de la Galai-
zière, la protection de la reine de Pologne que je ne connoissois
point du tout, pour obtenir la compagnie des gendarmes de la
reine. La première réponse de cette princesse fut de me dire :
Je n'ai jamais oublié la réception que l'on m'a faite à Villenauxe. Vous pouvez être sûr que je vous en donnerai des preuves. Tout de suite elle m'inscrivit. Sa parole étoit sacrée et
vous verrez dans mon histoire de quelle façon je me compor-
tai en cette circonstance avec Castellane, mon ami et mon
rival.

Indépendamment des entrées de la chambre et des corres-
pondances avec la reine, cette compagnie valoit 4,000 fr. de
pension de plus ; je l'ai conservée.

Mon père avoit beaucoup d'amis. Il avoit été utile à un grand
nombre. C'étoit lui qui avoit fait acheter au maréchal de Coi-
gny la charge de mestre de camp-général des dragons. J'ai
toujours reçu toutes les attentions possibles de ses petits-enfants.
Il étoit ami de M. le duc de Châtillon, qui a pris soin de mon
frère en entrant dans le monde. Le maréchal de Broglie, père
de celui d'aujourd'hui, M. du Kaila, M. de Goesbriand, M. de
de Savines, M. de Scipion Bozelly, tous contemporains de mon
père et dont ma mère avoit conservé la connoissance, voilà
ceux avec qui j'ai été élevé. Ces vieux militaires, tout en me
mettant sur leurs genoux, me donnoient les premiers principes
du métier. Il me paroît, par tout ce que j'ai entendu dire, que
mon père étoit d'une société très douce et d'une très grande

égalité d'humeur. Sans cela il n'auroit pas conduit sa fortune comme il l'a fait.

Le 18 juin 1731, il mourut à Paris, à soixante-cinq ans, je crois, d'une fluxion de poitrine, quoique l'on ait voulu attribuer sa mort à une chute de cheval qu'il avoit faite quelque tems auparavant. Il est enterré à St-Paul, paroisse de la place Royale, où il demeuroit et où je suis né.

Collatéraux. Grand-oncle :

François, comte de St-Chamans, marquis de Méry (1), frère aîné de mon père, né en 1648, fut reçu page du roi le 5 janvier 1672.

Exempt des gardes du corps en .... (2), il conduisit en cette qualité Marie d'Orléans, fille de Monsieur, frère du roi, en Espagne pour épouser Charles II, dernier roi de la maison d'Autriche, en 1678. Il avoit une fort belle figure qui fit impression sur la jeune princesse. Il fut exilé en 1678 ou 1680, à la terre de Méry, près Pontoise, et reçut ordre de se marier. Son extrême attention à brûler avant sa mort toutes les lettres de la reine d'Espagne et tout ce qui pouvoit avoir quelque rapport à ses erreurs fait que ce n'est que par tradition et par ce que m'ont conté ses enfants, ainsi que par son nom, écrit sur les glaces du cabinet de la reine, à Madrid, et sur les plombs, que nous avons connoissance de cette intrigue, dont les deux parties ont fait pénitence. Non à cause de cette intrigue, mais parce qu'elle n'avoit point d'enfans, la reine d'Espagne fut empoisonnée, à ce que l'on assure. Mon oncle passa plus de quarante ans à Méry dans la plus haute piété. Ne vous étonnez-vous pas, mes enfans, de m'entendre vous parler ainsi de mon propre oncle? Mais souvenez-vous que si les intrigues galantes sont en grande estime pour quelques-uns, elles sont dangereuses avec les têtes couronnées. Non-seulement mon oncle, mais mon père, et tout ce qui portoit notre nom, fut dans la disgrâce pendant un grand nombre d'années. Ayant

---

(1) Méry-sur-Oise.

(2) 1688. (La Chesnaye). Cette date ne s'accorde pas avec ce qui suit.

reçu ordre de se marier, il épousa Bonne de Chatelux, morte, je crois, en 1736. J'ai quelque idée d'avoir porté son deuil (1).

Enfans de François de St-Chamans :

César Arnauld, marquis de St-Chamans et de Méry, fut d'abord capitaine dans le régiment Royal-Etranger, qu'avoit mon père, puis guidon de gendarmerie.

Il avoit recueilli la substitution de Méry et elle finissoit à lui. Il laissa cette terre à ses sœurs qui étoient :

Melle de St-Chamans mariée à M. Bernard de Rieux (2) morte peu après.

Une autre fille (3) épousa M. le marquis (4) de Pierre-Pont et mourut sans enfans.

Une autre mourut sans être mariée.

La cinquième étoit Bonne de St-Chamans, mariée à Samuel Bernard, qui acheta la terre de Méry et la laissa à sa fille, Melle Bernard, épouse de Mathieu Molé, président à mortier, qui a pour enfans :

Mad. la duchesse de Cossé
(5)

et M. de Champlatreux, qui de Melle de Lamoignon, a un fils.

L'aisnée des sœurs de César Arnauld de St-Chamans étoit Judith de St-Chamans, qui a épousé Jacques, marquis des Barres,

dont le marquis des Barres, qui a laissé de Melle de Balincourt mad. de la Bedoyère,	le commandeur des Barres,	et son frère qui vient de mourir.

---

(1) Dans les preuves faites par d'Hozier pour l'admission de François de St-Chamans au rang de page de la grande écurie du Roi, il est dit : « Cette maison est de Limousin, noble, ancienne et bien alliée et a pour armes : d'*Argent à 3 fasces de sinople au filet viuré de gueules en chef.*
(Bibliothèque nationale. — Cab. des titres. V. 285. Manuscrits f^{ds} français. G^{de} Ecurie du Roy. Pages reçus à la Grande Ecurie du Roi, en janvier 1672.)
(2) Fils de Samuel Bernard.
(3) Anne Victoire. (La Chesnaye).
(4) Robert. (La Chesnaye).
(5) Trois autres filles religieuses. (La Chesnaye).

Ainsi vous avez pour cousins issus de germains M. le président Molé, M^ra des Barres.

Un degré au-dessous : Mad. la duchesse de Cossé, M. de
Champlatreux, mad. de la Bédoyère,

Un degré au-dessous : Les enfants de M. de Champlatreux,
les enfants de mad. de la Bédoyère.

Mon père a encore pour frère un religieux feuillant, qui
est mort, nommé ou allant être nommé évêque d'Oleron (1);
une sœur, religieuse aux hospitalières et plusieurs autres mor-
tes en bas âge.

BISAYEUL :

Antoine de St-Chamans, marquis de Merry, mon grand père,
né en 1620, mort en 1675, il y a 115 ans.

Nous n'avons de lui que peu de détails.

Attaqué de la goutte extrêmement jeune, il a très peu servi
et a passé presque toute sa vie à Merry. Aux environs de
Merry, est un village appelé Mériel ; là demeuroit M. Jacobé
Léoni, écuyer, sieur de Thibauldroussel et de Thivillizes, qui
prétendoit être de la même famille que l'anti-pape Anaclet,
Pierre Léoni. Mon grand père épousa sa fille en 1655; et ma
grand'mère, après la mort de son mari, demeura à Mériel avec
des mœurs fort simples, venant de tems en tems voir ses enfants à Merry. Par un acte de 1695, Antoine paraît, avec
Aymée de Pontallier, sa mère, comme légataire d'Antoine de
St-Chamans, son grand oncle, seigneur de Merry, pour
30,000 fr. et la substitution de Merry, après François, son
frère, par son testament de 1627. Par un acte de 1645, il paroît
que François de St-Chamans étoit mort, qu'Antoine de
St-Chamans avoit un frère appelé Louis et que leur père,
Pierre étoit naguère décédé.

---

(1) Oloron, en Béarn.

Collatéraux :

Louis (1) de St-Chamans fut tué à la bataille de Lens, commandant le régiment du cardinal Mazarin, qui est le régiment de La Fère d'aujourd'hui.

François fut tué au siège d'Ypres (2); et en 1744, au dernier siège d'Ypres, Louis XV le rappela à mon frère.

Marie de Léoni, ma grand'mère, nous donne :

Quelques parents à Florence et, par les Corbinelli, quelques-uns en France : M. Vireau de Sombreuil, gouverneur des Invalides, plus tous les Arondat, ce qui, d'une part, nous donne pour parents très-proches toute cette famille fort étendue et, de l'autre, toute celle de M. Boula, qui n'est pas moins étendue.

Marguerite (3) de St-Chamans, sœur d'Antoine, épousa le sieur de Fenis, d'où nous vient la parenté des Fenis et des *Revols* qui ont produit les Montillet.

TRISAYEUL :

Si le défaut d'évènements arrivés à mon grand père, qui a passé presque toute sa vie malade dans la terre de Merry, m'a empêché d'avoir des anecdotes sur lui, la raison contraire d'une vie trop tumultueuse nous a dérobé la majeure partie de l'histoire de mon bisayeul.

Pierre de St-Chamans, mort vers 1645, étoit l'aîné d'Edme de St-Chamans, son frère, auquel il reprochoit de n'avoir pas servi pendant que lui, Pierre, avait sauvé la vie à son père,

---

(1) Nommé Mercure par La Chesnaye-Desbois. Selon le même, il avoit épousé Hippolyte Huchard de Monspey, dont : Françoise-Charlotte, qui épousa Pierre de Revol.

(2) Commandant un régiment d'infanterie (La Chesnaye-Desbois).

(3) Voir, à ce sujet, l'errata de mes *Notes et Documents pour servir à l'histoire de Saint-Chamans*.

au siège de St-Yrieix, l'avoit tiré de l'eau une autre fois, lui avoit servi de second (1) dans son combat avec M. de Lostanges et avoit tué M. de Miers. Ce combat a été l'origine des guerres civiles et des dissensions qui ont désolé notre maison pendant près d'un siècle et demi. Jean aimoit mieux Edme, son cadet, que Pierre, qui le représenta à son père, lorsqu'il lui servit de second. Il lui dit qu'après avoir exposé sa vie pour lui, il auroit le désagrément de se voir, en vertu de la loi du droit civil, deshérité en faveur de son frère. Ce qu'il avoit prévu ne manqua point d'arriver. A peine sorti du combat, Jean deshérita, en faveur d'Edme, Pierre, qui ne trouva pas la chose agréable et s'y prit par la violence, comme c'étoit l'usage dans ce tems là. Il arma ses vassaux, mit dans ses intérêts le vic^te de Turenne. Edme mit les Noailles et les Flomond dans les siens. Ils se firent la guerre à coups de fusil et à coups de canon assez longtems pour que la mère de M. Bertin, petite-fille d'Edme, ait dit à son fils que, dans sa tendre enfance, elle avoit ramassé des balles et des boulets de cette guerre. Ce qui peut remonter à peu près à cent vingt ans. Pendant ce tems là, on se faisoit le plus de mal possible; on pilloit les châteaux, on s'accusoit des choses les plus odieuses; et l'animosité entre les deux frères produisit des atrocités. Dien vous préserve, mes chers enfans, de ces funestes divisions! Sacrifiez réciproquement vos intérêts. Il n'y a rien de tel que l'union. Ces malheureuses dissensions ont duré bien longtems. Mon père n'a jamais voulu donner sa fille aînée au marquis de St-Chamans, et je suis à peu près le premier qui ait rétabli l'union avec la seconde branche, qui depuis m'a été fort utile.

Pierre avoit épousé en premières noces une de ses voisines nommée Medeleine de Maffres de Soulages (2), dont il n'a point eu d'enfans.

Il épousa en 1606, en secondes noces, Aymée de Pontallier, d'une ancienne maison de Franche-Comté (qui paroît prouver

---

(1) Jean de Saint-Chamans n'a eu pour fils que Pierre et Edme. Moréri se trompe en lui donnant pour second Antoine, qu'il dit être son fils.

(2) Château, paroisse de Saint-Chamans, diocèse de Tulle.

descendre des anciens comtes de Champagne), de laquelle nous venons. Elle figure dans tous les actes depuis la mort de son mari, qui, dans beaucoup d'actes, prend le nom de Gimel (1) à cause qu'Aymée de Pontallier étoit fille (2) d'une Gimel et lui aussi, ce qui lui donnoit beaucoup de prétentions sur les biens des Gimel. Il avoit eu de cette femme la terre et sirie de Châtillon en Bazois qui fut vendue (elle est possédée présentement par M. de Pracontal), ainsi que plusieurs autres terres, soit parce qu'il étoit dissipateur, soit pour soutenir la malheureuse guerre contre son frère. Je ne sais s'il a vécu toujours en bonne intelligence avec sa femme, qui cependant paroît s'être prêtée à la vente de plusieurs terres et avoir eu grand soin de l'éducation de ses enfans. Il paroît que Pierre étoit bon militaire, mais assez violent. Les oncles, dont il va être bientôt question, tenoient la balance entre les deux frères; cependant ils semblent avoir incliné pour Pierre.

Parentés du coté d'Aymée de Pontallier, ma trisayeule :

Une branche de la maison de Pontallier a fondu dans la maison de Beaufremont ; ainsi, tous les Beaufremont et ce qui descend de la Pontallier.

Une autre branche a fondu dans la maison de Villers la Faye, demeurant frontière de Bourgogne et Franche-Comté, dont un ci-devant chanoine de Macon est maître de l'oratoire de Mgr comte d'Artois.

Collatéraux :

Pierre avoit pour sœur Louise de St-Chamans, qui a été mariée.... (3) je ne sais à qui....; 2° Françoise de St-Cha-

---

(1) Du 31 janvier 1611, devant Darche, notaire royal à Argentat, assignation à Jeanne Dufaure, veuve de Pierre Bourlioux, au sujet du paiement d'une rente d'une quarte de blé seigle assise sur le tènement de l'Estrade « pardevant Nosseigneurs tenant les requestes du Palays à Paris, » à la requeste de noble Pierre de Gimel de Saint-Chamans, seigneur de la terre de Châtillon en Bazois, d'Enval, de la Roche-Brian, de Gimel, de Branceilles, de Pazayac, Soulages et autres places. (*Pièce de ma collection*).

(2) D'Antoine Louis de Pontallier et de Françoise de Gimel. (La Chesnaye).

(3) A N... de St-Viance (La Chesnaye).

mans qui épousa un Tournemire, et sa petite-fille (1) un Fer-
rière (2) de Sauvebœuf, seigneur de Leybros ; 3° Jeanne de
St-Chamans qui épousa un d'Escorailles, seigneur de Salers ;
4° Marguerite de Saint-Chamans qui a épousé M. (3) du Champ
Soleilhet, seigneur de la Bourdairie ; 5° Edme de St-Chamans,
son frère, auteur de la branche cadette de la maison.

BRANCHE CADETTE.

Edme de Saint-Chamans, fils de Jean de Saint-Chamans et
de Catherine de Gimel, frère cadet de Pierre, avec lequel on a
vu les malheureuses querelles, fut institué héritier par son
père (4). Les guerres et les procès finirent par un accomodement que je crois de 1718.............................

Il épousa, le .. (5) novembre 1611, Françoise de Badefol,
fille de Guy de Badefol et d'Isabeau de Pierrebuffières.

Il a eu pour enfans :

1° Catherine, femme de Jean-Georges d'Aubusson, d'où
viennent les d'Aubusson et les Lentilhac-Gimel ;

2° Jean-Antoine de Saint-Chamans qui épousa Margueritte
Green de Saint-Marceau (6). Il eut plusieurs enfants (7), dont

---

(1) Louise (Nte de M. le chanoine Poulbrière).

(2) Annet de Ferrières, en 1635. *(Idem)*.

(3) François du Champ, écuyer, sr de la Borderie, paroisse de
Beynat, archer, garde du corps du roi (transaction du 4 oct. 1617,
qui mit fin à un procès devant le parlement de Bordeaux, intervenu
entre « M. de St-Chamans, écuyer, et M. du Champ aussi écuyer,
au sujet du partage de la succession de dame de Gimel, leur
mère et belle-mère. » Acte retenu par M. Degodeau, notaire à
Bordeaux. (Communication de M. Arth. du Champ, ancien magis-
trat, de Beynat (Corrèze), descendant de Marguerite de Saint-Chamans).

(4) Par testament du 3 nov. 1609. (La Chesnaye).

(5) 7 nov. (Id.) Le 9. *(Preuves de Malthe, préfecre de Lyon.
Note relevée par M. J.-B. Champeval)*.

(6) C. de mariage du 1er décembre 1651. (Id.)

(7) V. à la fin du récit : Branche des srs du Pescher, Branceilles, Pazayac, etc. Il testa le 18 juillet 1659 ; dit *feu* au 18 juillet 1691.
(Preuves de Malthe, préfecre de Lyon. J.-B. Champeval).

les cadets forment diverses branches, entre autres, celles de la Porte, fondue chez M. Berlin ;

Le fils aîné (de Jean-Antoine) fut Charles de Saint-Chamans, comte de Saint-Chamans, seigneur du Peschier et Pazayac qui épousa Marie-Constance de Saint-Julien, fille de Joseph de Saint-Julien, seigneur de Saint-Marc (1), et de Constance des Escures.

Ils ont eu pour fils :

Louis (2), marquis de Saint-Chamans, seigneur du Peschier, de Pazayac et de Saint-Marc, exempt des gardes du corps,

qui a épousé

Louise-Charlotte de Malezieux, fille de Pierre de Malezieux, lieutenant général d'artillerie, commandeur de Saint-Louis et de Louise (3) *Stappa*,

Qui avait pour frère le commandeur (4) de Saint-Chamans et a laissé pour enfans :

N. de Saint-Chamans, mariée à N. Douhet d'Auzers, d'une très-ancienne maison d'Auvergne ;

N. (5) de Saint-Chamans, mariée à N. *Meulan* (6), receveur général des finances de Paris. Lorsqu'il s'est marié, il avoit, avec son père, les deux charges de receveurs généraux de Paris, chacune de 1,500 mille francs, une terre de 60,000 livres de rentes, un hôtel de 600,000 francs. M. Meulan, le père, ne s'est pas contenté de cette fortune ; il a voulu devenir plus riche que Bernard ; il a fait des spéculations avec les Américains qui n'ont pas réussi ; il s'est ruiné. Le fils a voulu payer les dettes de son père et il ne lui reste rien de cette opulence ;

.

---

(1) Marche limousine.
(2) Né le 12 février 1694, reçu page en 1708, successivement exempt des gardes du corps, mestre de camp de cavalerie et chevalier de Saint-Louis. (La Chesnaye-Desbois).
(3) Louise-Marthe.   (Id.)
(4) Jean   (Id.)
(5) Marguerite. Son mariage est du 4 septembre 1762.   (Id.)
(6) Charles-Jacques-Louis, écuyer.   (Id.)   Marie-Charles Meulan d'Ablovs fut intendant de la généralité de Limoges en 1783.

5° Et le vicomte (1) de Saint-Chamans, colonel du régiment de la Fère, où il était adoré et où on le pleure encore. Il a laissé de Célestine (2) *Pinel* du Manoir :

Trois garçons et une fille.

La sœur de Louis de Saint-Chamans a épousé M. de Jumilhac, père du vicomte de Jumilhac, qui, de feu Mlle Rouillé, a un garçon et deux filles (3).

Je dois ici, mes enfans, vous faire remarquer un fruit de l'union bien frappant : je m'étois lié avec la seconde branche. M. Bertin, fils d'une Saint-Chamans, de cette branche, est devenu ministre, m'a rendu tous les services possibles et mis presqu'au rang de ses neveux.

Cela nous fournit beaucoup de parents :

| M. Bertin ministre. | M. l'abbé Bertin conseiller d'Etat. | Mad. de Fumel sa sœur, qui a produit : le marquis de Fumel gentilhomme d'honneur de Monsieur qui de Mlle du Tillet a beaucoup d'enfans. | le b^on de Fumel maréchal de camp. | Mad. de Neuvic sa sœur a produit Mad. de Faïars et M. de Mellet maréchal de camp. qui, de Mlle Le Douceur Calviller, a pour enfans deux garçons et Mad. Aramont. | Feue Mad. de Jumilhac, autre sœur a produit Mad. Bertin des parties casuelles. | Mad...... .... | M. le b^on de Jumilhac qui de Mlle de Launay a plusieurs enfans. |

Une autre sœur de M. Bertin a épousé M. de la Jorie, qui a produit Mad. de la Jorie, chanoinesse, et M. de Mellet, qui, de Mlle Assier a plusieurs enfans.

QUATRISAYEUL.

Jean de Saint-Chamans, seigneur du Peschier, Pazayac, Merchadour, Branseilles, co-seigneur de Lostanges, mort en 1612, étoit né en 1555, lors du testament de son père.

Il avoit servi au siège de Saint-Yrieix-la-Perche, où son fils Pierre lui sauva la vie, en 1587 (4)

(1) Joseph-Louis. (La Chesnaye).
(2) Céleste-Augustine-Françoise. (Id.)
(3) La Chesnaye donne pour enfants à Charles : 5° Une autre fille, morte sans postérité, qui avoit épousé N... de Senezergues et 6° N. de Saint-Chamans, dame Malthoise.
(4) Saint-Yrieix a subi plusieurs sièges pendant les guerres de religion. Le dernier est de 1591.

Copie d'un livre intitulé. — *Le siège de Sarlat en 1587, par l'armée huguenotte conduite par le vicomte de Turenne. Jouxte la copie imprimée à Bordeaux, en 1588, chez Mathieu Chapon, in-12, page 108.*

« Ce même jour du mercredi 16 décembre, vindrent en laditte ville M. d'Hautefort et les gentilhommes qui estoient assemblez à Montignac hormis les sᵣˢ de Couture de Montardit, de Bonne et la Jorie, lesquels, ayant été avertis comme le prince de Condé approchait de Périgueux, s'en retournant à laditte ville. Ledit sʳ d'Hautefort avoit en sa compagnie les sieurs du Peschier, de Giversac, de Luzec, de Mauroux, de Rastignac, de Saint-Cernin et de Chabans, gendre de M. de la Mothe-Fénelon, la Salle, de Puy-Martin, de Peyraux, du Chambon, de la Tourette, de Cozérans, de Calveyrac, de Rochefort, du Luc, de la Coste et autres, lesquels furent fort remerciés par M. de Sarlat et de tous les habitans de l'assistance qu'ils leur avoient donnée.

» Il arriva mille petites rencontres entre MM. de Ventadour de la Rochefoucauld, de Chateauneuf, de Saint-Angel, de Lostanges, de Chamberet et autres officiers pour le roi et MM. de Pompadour, de Rastignac, de St-Chamans, de Montpezat, de la Chapelle-Biron et autres ligueurs. »

Il avoit épousé, le 17 février 1571, Catherine de Gimel, fille de messire Pierre de Gimel, chevalier de l'Ordre du roi, seigneur et baron dudit lieu, de Sarrant, Ambures, et la Rochebriant et de demoiselle Matheline d'Auriolles.

Témoins du mariage :

Noble Hercule de Saint-Chamans, seigneur de Saint-Bauzile (1), oncle, noble Nicolas de Souillac, seigneur de Montmeige, Badefol, de Sainte-Fortunade, Saint-Maurice, Brugeac, Maunet, Fénis.

Catherine de Gimel fit son testament en 1613. Nous avons peu d'anecdotes sur elle.

Jean de Saint-Chamans étoit goûteux en 1603, lorque M. de Miers et M. de Lostanges vinrent l'insulter grossièrement dans son château du Peschier. Si quelque chose pouvoit

---

(1) Saint-Bazile-le-Doustre.

excuser le duel, qui étoit moins criminel pour lors, celui-ci seroit sûrement dans le cas. Il fit tout ce qu'il put pour cela et, forcé, il prit enfin, pour second, son fils aîné, Pierre, qui tua M. de Miers, et lui, M. de Lostanges. L'on m'a encore montré le pré ou cela s'étoit passé. Les lettres d'abolition d'Henri IV sont de 1604 (1).

Il déshérita ensuite, comme on l'a vu, ce même Pierre, son fils aîné, et passa sa vie dans des variations continuelles, à le deshériter et à le rappeler.

Ses frères ont été beaucoup plus illustres que lui.

COLLATÉRAUX.

Antoine et Mercure de Saint-Chamans suivirent le parti de la Ligue, et voici ce qu'en disent les historiens :

« MM. de la Ligue profitèrent de cette démarche. Antoine de Saint-Chamans, avec ses troupes, prit possession du château de la Ferté-Milon et soutint pendant quatre années tous les efforts de l'armée du roi Henri IV, sans qu'on put le lui enlever par force ouverte.

» Saint-Chamans s'empara aussi du château de Pierrefonds. Un détachement des gend'armes du roi vint loger à la Chaussée, près la Ferté-Milon, ensuite des bandes espagnoles et napolitaines, qui y laissèrent la peste. Ce fléau ne fit pas grand ravage. Saint-Chamans prit de si bonnes mesures que la contagion ne gagna pas la ville ni la forteresse.

» Pendant les deux années 1591 et 1592, Henri IV entreprit de réduire à son obéissance les deux forteresses de la Ferté-Milon et de Pierrefonds. Il envoya pour cet effet, en mars 1591, le duc d'Epernon dans le Valois. Saint-Chamans du Peschier commandoit dans la forteresse et Rieux, son lieutenant, dans Pierrefonds.

» Le duc d'Epernon somma de la rendre Saint-Chamans, qui fit pour réponse qu'il ne connaissoit point pour roi un prince hérétique, que, quand même il abjureroit, il ne se soumettroit qu'à la condition que la religion prétendue réformée seroit exclue à perpétuité de la ville de la Ferté-Milon et de son

(1) V. ces lettres dans le Bull. de la Soc., année 1879.

territoire. Le duc d'Epernon, irrité de cette réponse, visita les dehors de la place dans le dessein d'en faire le siège. Mais il la trouva si bien disposée qu'il n'osa risquer l'entreprise, et il se retira. Il marcha sur Pierrefonds et l'assiégea, mais sans succès et il fut blessé. Le maréchal de Biron vint l'assiéger avec un gros train d'artillerie sans succès. Rieux ayant été pris en 1593, Saint-Chamans alla en personne à Pierrefonds et mit un lieutenant à la Ferté-Milon.

» Le roi qui avoit fait abjuration, prit une dernière résolution de soumettre les forteresses de Laon, la Ferté-Milon et Pierrefonds et (de) faire le siège de Laon, qu'il commença à la fin de mai ; et elle capitula le 22 juillet. Henri IV avoit envoyé devant le château de Pierrefonds François des Ursins à la tête d'un parti, lequel fit un arrangement. Et Saint-Chamans, par accord, lui remit Pierrefonds sous condition qu'il se retireroit à la Ferté-Milon. Le traité fut enregistré au parlement le 7 janvier 1595.

» Et ce fut dans le même tems que Mercure de Saint-Chamans, son frère, remit au roi Château-Thierry par un accomodement particulier (qui lui laissoit le gouvernement de Château-Thierry, lui donnoit une pension de 3,000 fr. et une somme d'argent).

» Antoine, baron du Peschier, conservoit le gouvernement de la ville et du château de la Ferté-Milon pour son propre avantage et pour les intérêts de la Ligue. Le roi débarrassé de deux sièges importants résolut de porter toutes ses forces sur la Ferté-Milon et de s'en rendre maître à quelque prix que ce fut. Il chargea le maréchal de Biron des soins préliminaires. Biron, en exécution des ordres du roi, y marcha avec ses troupes. Saint-Chamans, fier de ses succès précédens, comptant sur la valeur de ses troupes et sur les munitions de guerre qu'il avoit rassemblées dans la forteresse, méprisa les premières attaques des royalistes. Il fit plus, il envoya jusqu'aux portes de Paris, qui obéissoit au roi depuis le mois de mars, un détachement de sa garnison qui enleva, sous les murs des Thuileries, Jean de Saint-Blancard, troisième fils du maréchal de Biron. Le duc de Biron (qui fut décapité en 1602), frère du prisonnier, reçut à tems cette nouvelle. Il prit avec lui quelques piquets et poursuivit chaudement le partisan, qu'il joignit à Livry. lui tua plusieurs hommes, et força les autres de lâcher prise. Lamoyeux et Saint-Bernard, officiers du détachement de la Ferté-Milon, y perdirent la vie le 10 août 1594. Ce coup de vigueur du duc de Biron causa une grande joie à Henri IV. Il crut qu'en substituant le duc au maréchal, ses affaires en iroient mieux, — qu'il mettroit plus d'activité au siège de la Ferté-Milon et que le duc, piqué de l'insulte du baron du Peschier, chercheroit à se venger d'une manière éclatante. Le duc se présenta devant la Ferté avec la meilleure volonté et toute l'activité qui dépendoit de lui, attaqua la ville de plusieurs côtés. Il trouva partout Saint-Chamans, qui lui donnoit des preuves d'une valeur héroïque et d'une expérience consommée dans l'art de la guerre.

» Cette belle défense du baron du Peschier obligea le duc à convertir le siège en blocus, en attendant l'occasion de pénétrer dans la place par force ou par surprise. L'inaction du duc donna lieu à mille railleries. Lorsqu'il fut décapité, en 1602, on lui reprochait encore son inaction dans une chanson dont le refrain étoit :

> Biron, Biron, grattes bien ton menton.
> Tu ne verras plus la Ferté-Milon.

» Biron, à la fin, fit part au roi de l'état du siège et de la résistance qu'il éprouvoit. Il demanda un nouveau secours d'hommes et d'artillerie. Henri IV, qui avoit à cœur de prendre cette place, vint la reconnoître en personne et reprit la conduite du siège. On dressa, par ses ordres une nouvelle batterie contre la partie des murs de la ville qui lui parut moins fortifiée, et il fit en cet endroit une large brèche. Malgré la supériorité des assiégeants et la force des pièces d'artillerie, le baron du Peschier répondit aux attaques par un feu soutenu et défendit, malgré la brèche, le terrain jusqu'à l'extrémité. Il repoussa plusieurs assauts avec une intrépidité et une science qui étonnoient le roi. Cependant il fut contraint de se retirer dans le château et d'abandonner la ville.

» Le roi, en y entrant, comptoit trouver des fortifications respectables et des travaux immenses à la faveur desquels Saint-Chamans avoit soutenu les efforts de son artillerie et son armée. Il fut surpris de n'avoir foudroyé que des murs antiques. Cette circonstance augmenta la haute idée qu'il avoit conçue des talens militaires de Saint-Chamans. La force du château, qu'il fit reconnoître, lui ôta l'espérance de pouvoir le réduire. Il crut donc devoir chercher les voies de conciliation avant d'employer la force des armes.

» Avant de commencer l'attaque du château, le roi fit proposer à Saint-Chamans des conditions dont il ne s'éloigna pas. Il pria le roi de lui accorder ses bonnes grâces avant tout, et la permission de sortir du château avec ses bagages et ceux de sa troupe; 2° une somme d'argent par forme de dédommagement du gouvernement qu'il perdoit en remettant la forteresse. Sur le premier article Saint-Chamans demandoit à Henri IV sa parole de roi d'oublier le passé sans aucun retour; il ajouta que les bontés et le pardon du prince l'attacheroient d'autant plus à son service et à sa personne qu'il avoit plus justement encouru sa disgrâce par le passé, et qu'il avoit cru servir Dieu contre son prince; qu'il étoit convaincu maintenant que les deux causes n'en faisoient qu'une; que pénétré des sentimens opposés à ceux qui avoient été l'âme de ses premiers procédés, le roi trouveroit en lui un fidel sujet qui chercheroit à couvrir et réparer ses torts par un entier dévouement à son service.

» Ces sentimens firent une impression favorable sur Henri IV, qui accorda à Saint-Chamans toutes ses demandes. Il le prit à son service, lui et sa garnison, lui accorda l'oubli du passé et lui fit compter de son trésor une grande somme. Il l'honora plusieurs fois de sa visite dans son château de Merry et lui donna le gouvernement de Guise. » (1)

Ce fut avec cet argent qu'Antoine acheta de M. d'Orgemont la terre de Merry sur Oise, auprès de Pontoise. Il entra ensuite dans la faveur d'Henri IV et devint fort ami de l'abbesse de Maubuisson (2), pour laquelle ce roi avoit de l'inclination.

---

(1) Ce récit rectifie celui de Mlle Fanny Desnoix des Vergnes, reproduit dans mes notes. — (Bull. de la Soc. année 1885), où il est dit qu'Antoine capitula à Pierrefonds. L'historien d'où il est tiré n'est pas nommé.

(2) Angélique d'Estrées. Elle était sœur de Gabrielle, maîtresse de Henri IV. (Abb. Fazet. *Les Jansénistes au* xviie *siècle*, p. 19).

Maubuisson est auprès de Pontoise. Henri IV vint dîner à Merry un jour maigre; il ne se trouva pas de poisson. Le roi lui (1) donna le fief de Poix auquel est attaché le droit de prendre le plus beau poisson du marché de Pontoise, droit qui est encore à la terre de Merry, possédée par mad. la duchesse de Cossé.

Le testament d'Hélies de Saint-Chamans est de 1555; il y a survécu longtems, puisqu'en 1564, il maria sa sœur à M. de Pons Saint-Maurice. Le premier acte où Jean paroisse à la place d'Hélies, son père, est de 1569.

Hélies est donc mort entre 1567 et 1569, car le 10 novembre 1567, il étoit à la bataille de Saint-Denis.

Par son testament de 1555, il n'avoit qu'un fils. Il en eût d'autres ensuite, et tel est le rang qu'ils ont dans le testament du 29 mars 1573 de Margueritte de Cornil, leur ayeule : Mercure, Hercules, Antoine, François.

Antoine est donc né au plustôt en 1558; (il est) mort en 1628. Il avoit trente-cinq ou quarante ans lors du siège de la Ferté-Milon. Il étoit trop jeune pour avoir servi avec son père. C'est donc dans les guerres civiles qu'il avoit fait son apprentissage. Né sans biens, il falloit qu'on lui eût connu beaucoup de valeur pour lui confier deux places aussi importantes que la Ferté-Milon et Pierrefonds.

Il paroît qu'il était devenu réellement très-bon royaliste. Par son testament de 1627, il nous recommande la plus grande fidélité pour le roi et assure que l'on est toujours la dupe de prendre un autre parti, quoique, du côté de l'intérêt il ne se fut pas mal trouvé d'avoir servi la Ligue (2). Mercure de Saint-Chamans, son frère, étoit aussi un des principaux ligueurs. On a vu qu'il étoit gouverneur de Château-Thierry. Il fit son accommodement avec Henri IV, qui lui en laissa le gouvernement et le grand baillage avec une pension de 3,600 livres et de l'argent comptant.

Il paroît qu'il s'attacha à M. le prince de Conty; (il) étoit capitaine et commandoit sa compagnie de gend'armes. Il étoit

---

(1) A Antoine.

(2) V. encore, pour Antoine, Mémoires de Sully et de d'Avila.

conseiller d'Etat d'épée, gentilhomme de la chambre. Il acheta deux terres, celle de Marigny et celle de la Chapelle. Marigny fut érigé en marquisat pour lui. Il épousa Isabelle des Ursins, qui épousa ensuite le comte de la Marck Mauny, chevalier des ordres du roi. Il se trouva, ainsi que son frère au tournoy ou carrousel qui se fit à Paris dans la place Royale les 5, 6 et 7 avril 1612, pour la publication de la double alliance par les mariages de Louis XIII et de Madame, sa sœur, avec l'Infante et le prince d'Espagne.

Les chevaliers du Soleil étoient les tenans d'un côté :

M^{gneur} le prince de Conty s'appeloit........	Ariste (1),
MM^{rs} le comte de Saint-Aignan...........	Chansin,
le vicomte de Chartres........	Fidamor,
le comte de Croizy...............	Tancrède,
le marquis de Rouillac............	Zaïde,
le baron de Fontaine Chalandrey....	Lucidamor,
de la Bourdoisière...............	Mélidor,
le baron de Tulloy................	Timandre,
le baron de la Ferté-Imbauld........	Hérandre,
le baron du Peschier..............	Adraste,
de Merzy......................	....
de Marillac....................	....
le baron de Saint-André...........	Lindamor,
de Vins.......................	....
de Sezy.......................	Aquilante.

Chacun avoit sa devise. Celle du baron du Peschier étoit un soleil sur des vapeurs. L'âme de la devise étoit :

Elevat quos deprimit

Il faut convenir qu'elle n'étoit pas autrement modeste.

(Bibliothèque du roi). L'on trouve en 1606 une montre sous les ordres d'Antoine de Saint-Chamans, seigneur du Peschier. Tous les brevets des deux frères, qui paroissent avoir été assez neutres dans les querelles de leurs deux neveux, Pierre et Edme, penchent cependant plutôt pour Pierre. Il est étonnant qu'ils ne se soient pas servis du poids et de la consistance que

---

(1) Ces noms sont ceux de héros de l'*Astrée*, d'Honoré d'Urfé.

les évènements qui leur étoient arrivés, les richesses qu'ils avoient acquises, leurs actions, et leur crédit devoient leur donner pour réconcilier les deux frères.

Le troisième frère, François de Saint-Chamans, commandeur de Chevrault (1), étoit le filleul du *baron blanc*, François d'Ornhac Saint-Chamans. Il étoit âgé de vingt ans en 1582, conséquemment, né en 1562, à ce que disent ses preuves. Il lui arriva un évènement extraordinaire, on doit même dire miraculeux. Ayant été pris par les Turcs (2) et mené prisonnier au Château-des-Sept-Tours, il fit vœu à la Sainte-Vierge, s'il pouvoit se sauver, de porter ses fers à l'abbaye de Rocquemadour. Il se jeta avec confiance dans la mer et, s'étant sauvé, il porta effectivement ses chaînes à Rocamadour, où on les voit encore (3). En 1602, Mercure lui donna sa procuration, et il étoit commandeur de Chevrault.

Je ne sais pas trop ce qu'est devenu Hercules (4).

Dans une mauvaise généalogie par Chevillard, on trouve un Hercule de Saint-Chamans qui épouse Hyppolite de Huchard de Monspey (5). Je ne sais ce que c'est que ces Monspey; ce ne sont point ceux du Beaujolois; et nous n'avons de vestige de cet Hercule de Saint-Chamans que par le testament de Marguerite de Cornhil, sa grand'mère.

Le même testament fait mention d'un sixième enfant d'Hélie, qui est Jeanne mariée avec le sieur Drugeac (6). J'ignore ce que sa postérité est devenue, s'il y en a eu.

---

(1) On trouve sur la liste des Frères Chevaliers de la Langue d'Auvergne, par l'abbé Vertot, *Hist. de Malthe;* François de Saint-Chamant, dit du Peschier, le 2 avril 1570; et François de Saint-Chamant du Peschier, le 20 décembre 1582. François de Saint-Chamans du Peschier, chevalier de Malthe, abbé d'Obazine, en 1573, n'est pas nommé par le m¹ˢ Hipp.

(2) A la bataille de Raab (La Chesnaye), en Hongrie, 1598.

(3) D'après une note du m¹ˢ Hippolyte, il y avoit, de son temps, à Rocamadour, une inscription commémorative de ce fait.

(4) Il étoit devenu sgr. de Saint-Bazile-le-Doustre, par mariage, sans doute. La Chesnaye le dit tué devant Sedan.

(5) La Chesnaye dit que Mercure avait épousé Hippolyte Huchard de Monspey.

(6) Pètre-Jean de Saint Martial, baron de Drugeac, le 14 juillet 1567. (Nadaud).

Nous avons bien plus de connoissance d'Antoine et de Mercure. 1° Parce qu'ils ont été plus célèbres, 2° parce que le premier nous a laissé la terre de Merry.

QUINT AYEUL.

Hélie de Saint-Chamans, chevalier de l'ordre du roi, capitaine de cinquante hommes d'armes des armées de M. de Losse et de M. de Lymeul, fut un homme de grand mérite.

Il étoit fils de Hugues de Saint-Chamans et de Marguerite de Cornhil.

En 1543, par un codicile du 27 juillet, Hugues l'institue pour héritier universel, donne 500 livres à Marie, sa fille cadette, à son fils Hercules, le logement et la nourriture pendant dix ans, à sa bien-aimée de Cornhil, l'usufruit de Pazayac. Ceci n'étoit qu'un codicile pour rappeler Marie, Hercules et les enfans ou l'enfant dont Margueritte de Cornhil était grosse, car nous verrons, par le testament de ladite Margueritte de Cornhil, qu'elle a eu bien plus d'enfans de Hugues. Passé 1543, Hugues ne paraît plus dans les actes.

En 1547, Hélie de Saint-Chamans, seigneur dudit lieu, de Merchadour et de Pazayac, cède à François de Saint-Chamans, seigneur dudit lieu, comptor d'Escorailles et du Peschier, tout ce que ledit Hélie possédoit de la châtellenie de Saint-Chamans ez lieux et paroisse de Saint-Chamans, Monceaux, Argentat, Saint-Pardoux-lez-Saint-Chamans, Saint-Pardoux-la-Crozille, Saint-Bonnet-Alvert, Forzès (1), Albussac, Neuville, la Guesne (2); et François lui céda la seigneurie du Peschier avec celle de Sérillac et Branceilles, pension sur la cure de Rilhac, droits à Beynac, Curamonte (3), Meissac (4), Saint-Michel-de-Bannières, Condat, Marcillac, Puy-d'Arnac, Tudeil, Lostanges, La-Chapelle-aux-Saints, Saint-Bauzille (5) .....
promettant faire jouir du village de la Coste (6), le village de Chartres et autres, vendus par feu noble Hugues de Saint-Chamans à pacte de reméré; de nommer à la cure de Saint-

---

(1) Forgès.   (2) La Guenne.   (3) Curemonte.
(4) Meyssac.   (5) Saint-Bazile, c^{ton} de Meyssac probablement.
(6) Il y a un village de la Coste dans cette commune

Julien de Tulles et de la recouvrer à ses dépens; en présence de R. P. en Dieu N. Antoine de Noailles, abbé de Lisle, frère Hélie de Saint-Chamans, religieux d'Azac, oncle dudit seigneur Hélie, noble Antoine de Cosnac, seigneur des Bordes, aussi cousin des parties, Mercure de Sainte-Fortunade, seigneur dudit lieu.

Ce n'a pu être que l'intérêt qui a engagé Hélies à troquer Saint-Chamans contre le Peschier, dont ses descendants, ont souvent porté le nom et, plus rarement, celui de Pazayac, quoique le revenu en soit plus considérable. En 1545, il avoit obtenu un arrêt en sa faveur pour le procès au sujet de Mont-meige. En 1547, il termina seulement ce procès.

En 1549, le 9 septembre, il épousa Jeanne d'Hautefort, fille de noble et puissant seigneur Jean d'Hautefort, seigneur dudit lieu, de Thenon et de la Motte, gouverneur pour le roi de Navarre en Périgord, et de demoiselle Catherine de Chabannes, sa femme, en présence de noble et puissant seigneur François de Saint-Aulaire, seigneur dudit lieu, échanson ordinaire du roi, François de Commarque, sgr. de Beynac, Armand du Saillant, écuyer, seigneur du lieu.

En 1555, le maréchal de Vieilleville donna à Elie de Saint-Chamans la charge de sergent-major de la ville de Metz et voici ce qu'il en dit (1) :

M. de Guyse avoit nommé à Metz pour prévôt le sieur Vaurre et, pour sergent-major de la ville et de tout le pays Messin, le capitaine Nicolas de Bragme.

Ce sergent-major avoit commandement sur vingt-quatre capitaines de vieilles bandes françaises.

Sous le gouvernement de M. de Vieilleville, ces deux offi-ciers furent pendus pour malversations (1554).

Le capitaine Hélie de Saint-Chamans « non moins habile que son prédécesseur; mais plus homme de bien » succéda au capitaine Nicolas de Bragme dans la charge de sergent-major.

_____

(1) L'extrait des *Mémoires de Vieilleville* inséré par le m^ls Hippolyte est très incomplet. Je lui substitue celui que j'ai fait moi-même. — Livres VI et VII.

1555. — Le gardien des observations ourdit une trame pour livrer Metz à la reine de Hongrie, régente en Flandre. Il fit entrer dans la ville, déguisés en moines, une trentaine de soldats, qui au moment convenu devoient faciliter l'escalade du côté du pont Iffroy, pendant la nuit, tandis que la population seroit occupée sur un autre point à éteindre un vaste incendie. La régente, informée que les soldats étoient entrés sans encombre et que tout étoit préparé, dépêcha le comte de Mesgue avec une troupe suffisante. Ce dernier étoit déjà sous le mont Saint-Jean, à six lieues de Metz, lorsque M. de Vieilleville, qui avoit découvert le complot, tenoit au secret le gardien et ses complices. L'attaque devoit avoir lieu la nuit suivante. Il prit ses dispositions pour bien recevoir l'ennemi.

Il « ordonna au capitaine Sainct-Chamans, sergent-major,..... de faire porter tout incontinent sur chacune des plates-formes des portes de Sainct-Thibault, de Mozelle, Champenoise et des Allemants, cinquante fagots, et y mettre le feu entre six et sept heures du soir, ny plustost ny plus tard ; qu'il y prenne soigneusement garde ; et, plustost qu'il y ait faulte, qu'il contraigne tous les habitans de ces quartiers là d'y obéyr par toutes voyes et manières, jusques au baston ; car c'est pour le très-urgent et exprès service du roy. »

Quant à lui, il alla attendre le comte de Mesgue « à la Domchamp, qui est à une lieue de Metz. » La Plante, envoyé en éclaireur, revint bientôt à toutes brides et fit son rapport :

« Monsieur, sur une montaigne distant d'ici une lieue, je les ay découverts là-bas en une plaine, et pourront estre ici dedans une bonne heure, car ils marchent d'un bon pas : et fault qu'ils ayent eu nouvelle de l'embrasement de Metz, dont j'ai veu moy-mesme les flammes ; Sainct Chamans ne nous a pas failly. Et y a des paysans qui les ont veues, qui s'estonnent que ce peult estre. Ils sont en plus grand nombre que vous ne dictes ; la terre en est toute couverte. Mais je veulx qu'ils soient encores deux fois davantaige ; car ils sont à nous, ayant si bien disposé les embuscades comme vous avez faict. »

Le comte de Mesgue et sa troupe, pris dans sept embuscades, s'enfuit laissant presque tous ses chevaux, quatre cent cinquante prisonniers de marque et onze cent quarante-cinq morts.

L'année suivante, pendant une trêve, une autre conjuration ourdie par deux soldats, Comba et Vaubonnet, avec le comte de Mesgue, faillit avoir pour ce dernier les mêmes conséquences. Mais Comba, par l'imprudence du capitaine Beauchamp, commis à sa garde, s'échappa des fers. M. de Vieilleville donne aussitôt l'ordre de fermer les portes de la ville et de saisir les complices de Comba, qui le croyaient envoyé en service.

« L'an n'oyoit, au reste par tous les carrefours que trompettes et tambours, qui publioient que personne vivante, de quelle qualité qu'elle fust, n'eust à receler, sous peine de la vie, Beauchamp et Comba, et de les amener au logis de monsieur le gouvernerneur avec promesse d'un bien grand salaire. Et oultre cela, le sergent-major Saint-Chamans, avec deux ou trois cents arquebusiers ; le prévost, et ses archers d'un côté ; M. de Vieilleville, avec sa garde et nombre de gentilshommes d'aultre, estoient en queste de ces deux hommes ; et n'y eust maison en la ville qui ne fust fouillée. »

Comba et Vaubonnet pris, furent démembrés à quatre chevaux. Mais le nouveau piège tendu par M. de Vieilleville, au comte de Mesgue, au moyen de Comba mis au secret, étoit découvert.

1557. — Pendant une absence que fit M. de Vieilleville pour cause de maladie, il y eut à Metz des séditions parmi les légionnaires, trois de leurs capitaines, à son retour, furent décapités. « M. de Vieilleville, averty que cent ou six-vingts soldats s'estoient assemblés, avec les armes, en une aultre place nommée le Saulssy, envoya en diligence le sergent-major Saint-Chamans, avec bon nombre de soldats, leur demander pourquoy ils sont là, et qu'ils se débandent incontinent; et, selon la responce qu'ils feront, si elle tend à mutinerie, qu'il les charge de furie, sans recongnoistre ny user d'aulcune miséricorde.

» Arrivé que fut Saint-Chamans devers eulx, faict ce qui luy avait esté commandé. Mais ils furent si sots et si maladvisés, qu'ils respondirent estre là attendant leurs compaignons pour avoir la raison de leurs capitaines que l'on avait faict si cruellement mourir. Mais ils n'eurent pas loisir de parachever, que Saint-Chamans les charge si furieusement qu'il en fut tué quarante ou cinquante sur la place : le reste gaigna la fuitte. Mais ce que Saint-Chamans ne peust attrapper fust arresté par les corps-de-garde et les soldats des capitaines Yomberry et La Mothe-Rouge, car c'estait en leur quartier, et furent chaudement pendus et estranglés, où plusieurs belittres et coquins s'employèrent avec le bourreau et son valet pour en avoir la dépouille. Les vieilles, semblablement, jectèrent les morts en la rivière, sur l'espérance de mesme pratique ; estant le Saulssy une isle entourée de deux canaux de la Moselle, et ponts de chaque costé, que ces mutins n'avoient pas eu l'esprit de garder ny de s'en saisir. »

Les lieutenants des trois capitaines décapités, craignant d'être compris dans de nouvelles informations, firent demander leur congé à M. de Vieilleville, qui leur répondit « que le service de tels mutins n'estoit pas au roy ny à lui, et qu'il leur faisoit trop de grace de les laisser partir, car ils avoient tous mérité la mort et d'estre pendus. Eulx, oyants ceste parolle, troussent bagaige, et s'en vont au troisième jour de son arrivée. Mais adverty qu'ils avoient débauché environ de cent soldats de leurs compaignies pour s'en aller avec eulx, qui estoit affaiblir d'aultant la garnison de Metz, et de grande conséquence pour le service du roy ; aussi qu'ils n'avoient pas achevé le service du mois, duquel ils avoient fait monstre et touché l'argent, il commanda au sergent-major Saint-Chamans d'aller après en toute diligence, avec nombre de harquebusiers et l'escorte qui étoit venue de Thoul, et les tailler tous en pièces, qui les attrapa auprès des arches de Jouy, et n'y faillit pas, car il n'en eschappa ung seul ; les Basques du capitaine Yomberry et les chevaulx légiers de La Mothe-Rouge se desjeunèrent de ce butin en se retirant à Thoul.

» Les capitainnes légionnaires, demeurés à Metz, advertis de cette deffaicte, qui approchoit fort d'un massacre, car tous les goujats passèrent au fil de l'épée, mesme qu'il y fut tué, à la furie, treize garses, ne scavoient à quel sainct se vouer : car de faire entreprise on leur avoit osté tous moyens..... »

Les armoiries de la maison de Saint-Chamans sont sur une

des portes de Metz. Je crois que c'est sur celle de Pontiffroy, du côté qui regarde la Moselle.

En 1562, Hélies commandoit trois (1) compagnies d'argoulets au combat de Vert en Périgord. Il alla ensuite à l'armée commandée par le connétable de Montmorency et le maréchal de Saint-André, et se trouva à la bataille de Dreux (2).

Depuis, il alla en Lorraine, où il étoit lieutenant de la compagnie de M. de Limeulh. Il fut ensuite employé comme capitaine d'hommes d'armes pour le service des rois Henri II, François II et Charles IX, et se trouva à la bataille de Saint-Denis (3), 11 novembre 1567 (4).

Il était chevalier de l'Ordre du Roi.

Il maria, en 1551, sa sœur Jeanne à François de Bar, seigneur de la Chapoulie, dont la famille existe encore.

Il maria aussi, en 1564, une autre sœur, nommée aussi Jeanne, avec Guy de Pons, seigneur de Saint-Maurice. La race de ces MM. de Pons Saint-Maurice existe encore dans la personne de M. de Pons, chevalier des Ordres du Roi, mais ils ne viennent point de la Saint-Chamans, qui n'a point eu d'enfants, et dont le contrat de mariage a été fourni dans les preuves de M. de Pons.

J'ignore ce qu'est devenue Marie de Saint-Chamans. Je crois qu'elle a été abbesse de Bonne-Saigne (5).

AUTRES COLLATÉRAUX.

Hercule de Saint-Chamans, seigneur de Saint-Bauzile (6).

Preuves de Malthe d'Annibal de Thianges.

François de Saint-Chamans, troisième fils de Hugues de

---

(1) Suivant Montluc, il n'en commandait qu'une.

(2) Il y fut blessé. (Notes du marquis Hippolyte.)

(3) Où il chargea, *(Idem.)*

(4) En 1555, gouverneur de Thérouanne et de Marienbourg. (La Chesnaye.)

(5) Voir plus loin : généalogie d'Ornhac-Saint-Chamans.

(6) Saint-Basile-le-Doustre.

Saint-Chamans et de Marguerite de Cornhil, épousa Jacquette d'Anteroche (1).

Imbert de Saint-Chamans, son fils, épousa Anne d'Anglard.

Jeanne de Saint-Chamans, sa fille, épousa en 1596, noble Germain de Bois-Long.

Jeanne de Bois-Long, leur fille, épousa N. de la Rochebriant, de laquelle viennent Mrs de Thianges.

SEXT-AYEUL.

Hugues de Saint-Chamans, fils de Léonard de Saint-Chamans et de Françoise de Royères de Lolm (2), paraît de 1518 à 1543. Il épousa Margueritte de Cornhil.

Les premiers titres de ce quartier sont des suppliques à noble et puissant seigneur Hugues, baron de Saint-Chamans, seigneur de Merchadour, co-seigneur de Montmeige, fils à Léonard de Saint-Chamans.

Il épousa, vers 1518 ou 1520, Margueritte de Cornhil, fille (3) de Rose d'Espagne, laquelle descendait de Louis d'Espagne, prince des Iles-Fortunées.

En 1520, on voit plusieurs assignations données à noble Hugues de Saint-Chamans, à noble Françoise de Lolm, sa mère, et aux frères et sœurs de Hugues, fils et filles de feu noble Léonard de Saint-Chamans. Il y a apparence que Hugues était encore mineur. Dans les preuves de MM. de Gimel-Lantilhac, on remonte jusqu'à ce Hugues, fils de Léonard de Saint-Chamans. En 1539, le vicaire de la vicairie fondée autrefois par feu noble et puissant seigneur Léonard de Saint-Chamans, co-seigneur de Terrasson, co-seigneur de Saint-Chamans, co-seigneur de Montmeige et seigneur de Merchadour, desservie en

---

(1) La Chesnaye ne parle pas de ce François. Il donne pour postérité à Hugues : 1º Elie ; 2º N. de Saint-Chamans, mariée à N. de Chapt de Rastignac ; 3º N. de Saint-Chamans, mariée à N. de Puymartin. A l'exception d'Elie, il est en complet désaccord avec le marquis Hippolyte, qui s'appuie presque toujours sur des titres et, pour ce cas, sur le testament de Marguerite de Cornil.

(2) De Lom.

(3) De Guy de Cornil et de Rose d'Espagne. La branche d'Espagne formée par Louis d'Espagne, prince des Iles-Fortunées a fondu chez les Cornil, en 1520, par ce mariage. — Père Anselme.

l'église paroissiale de Saint-Chamans, la reconnaît à noble et puissant seigneur Hugues de Saint-Chamans, co-seigneur et baron dudit lieu, co-seigneur de Montmeige et héritier universel de feu noble Léonard.

Cette terre ou portion de terre de Montmeige, que nous possédions depuis plus d'un siècle, avait causé beaucoup de procès assez désagréables avec les Souillac, seigneurs de l'autre partie de Montmeige.

En 1542, Hugues de Saint-Chamans, écuyer seigneur, dudit lieu, et François de Souillac, écuyer, seigneur, dudit lieu, transigent ensemble. Hugues cède la maison noble qu'il a à Montmeige avec la justice et tout ce qu'il a à Terrasson, Cublac, Brivezac, Villac, Saint-Luze, Ladournat. François de Souillac s'engage à doubler en biens fonds ce que cette portion de Montmeige valait à Pazayac, Hugnes se réservant le droit de sépulture à Terrasson. Ils choisissent pour arbitres M. de Badefol de Peyroux, le seigneur de Chauzénegou, pour François de Souillac, M. de Quaissac, M. de Florac, pour Hugues de Saint-Chamans. Les témoins sont : François de Roffignac, seigneur de Cousages, François de Brussignac, seigneur de la Marche, Charles de Rouffignac, curé de....., en Périgord. On prit pour juges : Gautier de Badefol, seigneur du Peyroux, le curé de Martel et Jean de la Pocte, écuyer, seigneur dudit lieu, pour Hugues de Saint-Chamans, Bertrand de Meilhar, écuyer, seigneur dudit lieu.

Cet accommodement, ayant encore souffert quelques difficultés pour les évaluations, ne fut totalement terminé qu'en 1547, par Hélie, fils de Hugues, comme on l'a vu. La terre de Pazayac est donc la représentation de la terre de Montmeige, dont j'ignore l'entrée dans la maison. Elle est possédée par la seconde branche.

L'on a vu le codicile, en 1543, de Hugues de Saint-Chamans, quelques-uns croient que la permission de porter une engrelure en forme de crénaux pour le siège ou le secours de Térouanne a été accordé à Hugues. Tous les livres s'accordent à dire que c'est pour le secours ou la défense de Térouanne. Je ne sais où est cette permission ; elle doit être à la Chambre des Comptes de Bordeaux ou de Pau, et je serois porté à croire que c'est pour le siège de Metz.

Margueritte de Cornhil, femme de Hugues, vécut fort longtemps et fit, en 1573, un testament où elle rappelle toute sa
postérité :

Ses filles.

1º A Françoise de Saint-Chamans, c'est-à-dire, à ses enfants
et à ceux de son mari, feu le sr de Sarran, elle fait des dons.

Il faut observer que ce sr de Sarran étoit, je crois, un Gimel
et père de Pierre de Gimel, dont la fille Catherine épousa Jean
de Saint-Chamans, son cousin germain.

2º Elle fait un autre don aux enfants de feue Jeanne de Saint-
Chamans et de François de Bar de la Chapoulie ;

3º Aux enfants de Françoise de Saint-Chamans et du seigneur de Saint-Maurice ;

4º A Louise de Saint-Chamans, mariée à Jean de Badefol ;

5º A dame Françoise, religieuse ;

6º A dame Antoinette religieuse.

Ses fils.

A Hercules de Saint-Chamans, sieur de Saint-Bauzile (1), son
fils, aux fils de feu Hélies, son fils, savoir : Mercure, Hercules,
Antoine, François ;

A Jeanne, fille d'Hélie, mariée avec le sieur de Drugeac (2) ;

A Jeanne, sa bru, veuve d'Hélies.

Elle nomme pour héritier universel Jean de Saint-Chamans,
fils aîné d'Hélies et son petit-fils.

Collatéraux, frères et sœurs de Hugues : Jean, religieux à
Terrasson, Bertrand, Hélie, François, tous religieux.

Margueritte, Louis, Jeanne, autre Jeanne, Margueritte.

———

VIIº Ayeul.

Léonard de Saint-Chamans, coseigneur et baron dudit lieu,
coseigneur de Montmeige, seigneur de Merchadour, fils à
Guynot (3), Philippe (4) et de Souveraine de Noailles.

————————————————————

(1) Sur le Doustre. L'autre Hercule qui suit, neveu du premier, a
aussi été seigneur du même Saint-Basile.

(2) Jean de Saint-Martial de Drugeac, en 1567 (La Chesnaye).

(3) Diminutif de Guy.

(4) Il faut lire Philip ou Phélip. Voir à ce sujet la note de la p. 100.

Je crois qu'il perdit son père en 1470 (1).

En 1473, donne quittance de la dot de sa mère en ces ter·
mes : « Connu soit chose notoire....., soit été contraité mariage
entre feu mons^r mon père et Souveraine de Noailles, madame
et mère, auquel ait été accordé par feu mon oncle (2) de Noail·
les, son frère, bien et d'hument et est ainsi que mon frère (3) de
Noailles ait présenté et remontré à moi Léonard de Saint-
Chamans, fils naturel et légitime et héritier universel de mes
dits père et mère, certaines lettres de quittances en bonne et
valable forme et signées de la main de mons^r mon père, que
Dieu pardoine !

» Qui des mains du notaire par lesquelles je reconnois et
confesse..... de hument m'est apparu et appert que feu mon dit
seigneur et père a été d'hument payé et satisfait de la dot qui
lui fut constituée et donnée par feu ma dite dame mère, et pour
ce aujourd'hui qu'est le 23e jour d'octobre l'an 1473, en pré·
sence de M. de Cosnac et de Guillaume de Peygno, j'ai alloué
et approuvé, loue et approuve les dites lettres et autres cho·
ses..... »

Ce françois est inintelligible, mais on verra que celui de 1437,
qui n'est que quarante-quatre ans auparavant, est difficile à
comprendre.

En 1475, il lui est reconnu une rente par les frères Forges,
demeurant au bourg Saint-Martin (4), dans la terre de Saint-

---

(1) A partir de Léonard, en remontant, il faut renoncer à conci-
lier La Chesnaye des Bois avec le marquis Hippolyte. (V. note de
la p. 102). Mais ce dernier allègue pour la filiation de Léonard des
preuves difficiles à infirmer.

(2) Jean de Noailles, premier du nom. (*Nobiliaire de Nadaud*,
1880).

(3) Jean II de Noailles. Frère est sans doute mis pour frère-ger-
main.

(4) Quel est ce bourg Saint-Martin ? Trois agglomérations distinc-
tes d'habitations ont existé à Saint-Chamans, l'une autour de l'é-
glise, une seconde entre le vallon qui monte vers Saint-Bonnet-
Elvert et celui qui monte vers Gimelle, la troisième, sous le château. Il se pourrait que la première de ces agglomérations ait été
désignée sous le nom de Saint-Chamans; la seconde, sous le nom
de Bourg Saint-Martin; la troisième, sous le nom du Château; et
enfin l'ensemble sous le nom de *ville* de Saint-Chamans. (V. plus
loin, en 1281, cette dernière désignation). Je note tout d'abord que
le second patron de l'église est Saint-Martin; et, en second lieu,

Chamans, d'une vigne sise au village de Blandines, paroisse de Saint-Bonnet. En vertu de l'acquisition qu'il avait faite d'Elie de Saint-Chamans, petit-fils de Léonard, ladite rente a été reconnue depuis à François de Saint-Chamans, laquelle rente est reconnue à Guy Philippe, père de Léonard, en 1433; en 1433, à Béatrix de la Porte, veuve d'Olivier de Saint-Chamans, et à Olivier de Saint-Chamans, bisayeul de Léonard.

En 1491, testament de Jean de Royères de Lolm, son beau-père :

In nomine Sto et individuæ Trinitatis. Ego Johannes de Royera, miles, dominus Lolm et de Jarosse, facio, dispono et ordino meum testamentum ultimum, de Royera filiabus meis exoratis heredem meum universalem, facio instituo, ordino ex ore meo proprio, nomino dictum Petrum de Royeria delectum filium meum executores vero minus et presentis ultimi testamenti mei facio intimo, et ordino nobilem virum Leonardum de Sancto Amantio generem meum et dominum dicti loci et de Merchador, et nobilem virum Johannem d'Azac, dominum de Bellegarde..... die 16, novembris 1491. Presentibus ibidem et audientibus dicto nobili viro Leonardo de Sancto Amantio..... Alferi de Cornhil, domino de Freyciyo, parochia de Terra Nova..... de.....

Il fait aussi par le même testament un legs à Françoise de Royère, sa fille, femme de Léonard de Saint-Chamans, qui était mariée en 1491.

En 1485, Antoine de la Garde reconnaît un terrain de la directe de Léonard.

En 1494, Léonard de Saint-Chamans fait un terrier à Saint-Chamans, dont voici l'intitulé : « Terrier pour noble et puissant seigneur, Léonard de Saint-Chamans, coseigneur de Saint-Chamans et de Montmeige. »

En 1494, 1499, 1507, reconnaissances rendues à noble et puissant seigneur Léonard de Saint-Chamans, et une, en 1532, des mêmes biens à Hugon, fils de Léonard.

---

qu'un terrier de Saint-Chamans que je possède (xviii° siècle) mentionne l'existence d'un tènement de Saint-Martin, précisément où se trouvait la seconde agglomération.

En 1499, Léonard de Saint-Chamans marie une de ses filles avec François de Bruchard, fils de Jean Bruchard, seigneur de Montardit, petit-fils d'une Noailles. Témoins : noble Raymond d'Airz, seigneur de Maimiez, et Fortunat de Laurières. Ces Bruchard existent encore, et j'avais obtenu une place de page de M. le comte d'Artois pour un d'eux.

En 1497, reconnaissance à noble Léonard, pour Montmeige. Suite de reconnaissances jusqu'en 1518, qu'elles passent à Hugues de Saint-Chamans ou à Jean de Saint-Chamans, son frère, religieux de Terrasson.

En 1506, quittance de dot de noble Margueritte de Saint-Chamans, fille de noble Léonard de Saint-Chamans, seigneur de Saint-Chamans et de Montmeige, en latin. Ce n'est que lorsque l'on a parlé françois que nous avons ajouté le *Ch* au nom de Saint-Amans.

1510, 13 mai. « En la maison noble du Verdier, damoiselle Margueritte de Saint-Chamans, veuve et relicte de feu noble Jean de Lubersac, seigneur en son vivant de la maison noble du Verdier, laquelle a dit que depuis peu de tems en çà étoit allé de vie à trépas ledit feu noble Jean de Lubersac, seigneur, en son vivant, du Verdier, à lui délaissés et survivans, la dicte, de Saint-Chamans, sa relicte, François de Lubersac âgé de trois ans, Souveraine âgée de deux ans, François âgé de quatre mois, ses fils et filles naturelles et légitimes, auxquels il n'a point pourvu de tuteurs, et ouïe ladicte requette, nous lieutenant au siège avons interpellé ladicte de Saint-Chamans présente si elle voulait prendre la charge et administration de ses enfans laquelle a répondu que oui volontiers attendu l'amour qu'elle avoit à son dit mari et à ses dits enfans, ainsi que ce soit du vouloir et consentement de noble et puissant seigneur Léonard de Saint-Chamans, seigneur dudit lieu, son père, illec présent et de ses autres bons parens et amis et que l'on lui donne un ou deux de MM. les frères de son dit mari pour tuteurs et coadjuteurs et sur ce, nous lieutenant avons fait inquisition avec ledit sieur de Saint-Chamans et avec noble Pierre de Royères (frère de la mère) seigneur de Lolm, François Bruchard (son beau-frère), Antoine de la Reymondie, seigneur dudit lieu, Jean de Beaudéduit, bâtard, et plusieurs autres prochains et parens des dits mineurs..... » la tutelle accordée en conséquence à Margueritte de Saint-Chamans.

1520. — On donne plusieurs assignations à Françoise de Lolm et à ses enfans, à Hugues de Saint-Chamans et à ses frères et sœurs, fils et filles de feu noble Léonard de Saint-Chamans (1).

VIII° AYEUL.

Guy Philippe, coseigneur de Saint-Chamans et de Mont-meige, seigneur de Merchadour, fils de Guillaume Philippe et de l'héritière de Saint-Pardoux-la-Croizille.

Le premier acte où Guy Philipps paroisse, âgé de dix-huit ans, est de 1433..... Investiture par noble Guy Philipps, coseigneur de Saint-Chamans à Jean Brosses, marchand. Il se maria vers ce tems là avec Françoise de Saint-Exupéri, dont il n'eut qu'une fille; et elle fit son testament en 1435.

En 1437, terrier de Saint-Chamans fait par les trois seigneurs possesseurs qui étoient Guy (2)..... Guy Philippes et Guy de Lestranges (3).

---

(1) Postérité de Léonard suivant La Che naye : 1° Hugues; 2° François, religieux (qui est sans doute Jean, r gieux à Terrasson); 3° Marguerite, mariée à François de Lubersac. La fille mariée à François de Bruchard est omise.

(2) Guy d'Orgnac.

(3) Les Lestrange, coseigneurs de Saint-Chamans étaient de la maison de Létrange, dont le château était près de Laplcau, arrondissement de Tulle, Corrèze. Cette maison est représentée aujourd'hui par M. le comte Henry de Lestrange, au château de Cœuvres, commune de Cœuvres (Aisne). Je dois à sa bienveillance les notes suivantes :
Raoul de Lestrange, marié à Catherine de Saint-*Amans* (Arch. nat.), eut un procès au Parlement de Paris, contre Olivier de Saint-*Amans* (décembre 1380). M. le comte de Lestrange est convaincu que c'est vers cette époque que la seigneurie de Saint-Chamans fut partagée en coseigneuries. Selon la généalogie du marquis Hipp. ce partage remonte bien plus haut. Mais c'est sans doute alors qu'un Lestrange devint coseigneur de Saint-Chamans.
Raoul de L. et Catherine de Saint-Chamans eurent pour fils Guillaume de L. marié par contrat du 27 sept. 1394, à Algave de Tinières (Arch. de la famille de L.). Guillaume est dit seigneur de Lestrange et du lieu et château de Saint-Chamans dans un acte de vente du 3 janvier 1409. (Arch. de la famille de L.). D'eux, naquirent, entre autres enfants, Guy marié en 1430 à Jeanne de Joyeuse (*alias* Marguerite). (Arch. de la famille de L.) et qualifiée coseigneur de Saint-Chamans dans un aveu au vicomte de Turenne, le

1435. — Vente par Ayrolles et les frères la Fargo d'une vigne site au terroir de Blandines reconnu, en 1475, à Léonard de Saint-Chamans, son fils.

1439 (1), 19 mars, acte en latin contenant quittances par Guy Philippe de Saint-Chamans, à François de Noailles, de 160 réaux ou écus d'or et de huit vingt et dix livres seize sols en déduction de la dot de Souveraine de Noailles. Toujours, pour la dot de Souveraine de Noailles, quittance de 1450, 1448, 1447.

« 1437. — Sapian totz que y hou Guinot Phelip senhior de Sent Amans reconnaisse aver ague et receubu per maynera de pretz de Francis de Noailhes, senhor de Noalhes la soma de cent scutz pessans très deniers, laquel soma l'hi promettre ha redre totas vetz quantaz vetz que per l'huy, ha per ses heritiers j'en serai requai et per mai de fermetaz jou hô la presenta cedula de ma propria ma..... En testimoin de mon Peyre

---

6 février 1439. (Arch. nat.). Un autre fils de Guillaume, Mondon, épousa, en 1440, Marguerite de Durat et fonda la branche qui subsiste seule de la famille de Lestrange.

Antoine de L., fils de Guy, seigneur de Lestrange et de Boulogne, comme tous les précédents, sénéchal d'Agenais et de Gascogne, épousa Françoise de Montfaucon, dont:

Louis de L., marié à Marie de Langhac en 1527.

Il auroit vendu sa coseigneurie de Saint-Chamans à Jean de Saint-Chamans, le 6 juillet 1530, et serait le dernier Lestrange, coseigneur de Saint-Chamans, suivant une note de M. le docteur L. Morély, d'Argentat.

M. le comte Henry de Lestrange possède le testament de Yves de Lestrange, chevalier, seigneur de Marsilhac, coseigneur de Favars, en date du 13 juillet 1491. Il fait une donation à Marie de Saint-Amant, dite de la Gâtine, sa femme.

Un Raoul de *Saint-Amant*, écuyer, est cité dans l'*Inventaire et vente des biens meubles* de Guillaume de Lestrange, archevêque de Rouen et frère de Raoul de Lestrange, en date de 1389.

M. le comte Henry de Lestrange a découvert, dans les archives de la Loire-Inférieure, l'*Inventaire et la vente des biens meubles de Guillaume de Lestrange, archevêque de Rouen*. Il vient de publier ces documents (Alphonse Picard, Paris, 1889) en un magnifique in-4° de 198 pages, précédé d'un avant-propos dans lequel il résume la vie de ce prélat, suivi d'une table des noms de personnes et de lieux et illustré de deux sceaux. L'archéologie va bénéficier de cette publication; mais au point de vue historique et généalogique, elle présente pour la Normandie, le Limousin et le comtat Venaissin, un intérêt considérable.

(1) La Chesnay donne au mariage de Guy Philip et de Souveraine de Noailles la date de 1447. Il se trompe.

d'Escussac prestre et de Giral de Somalha s'est faite le 1er jorn de fevrier l'an mil c. c. c. c. hê xxx vii. » (1).

Ce langage n'est pas fort intelligible.

1440, hommage de noble Guy Philippe, damoiseau, coseigneur de Saint-Chamans a Philbert de la Roche, de portion du maz de Wessejouls (2) dont il est parlé dans l'échange d'Hélie avec François.

1444. Hommage de noble Jean Maffre à noble Guy Philippe, damoiseau, coseigneur de Saint-Chamans.

1454. Reconnaissance des mêmes terrains à Guy Philippe, qui avaient été reconnus à Olivier de Saint-Chamans, son grand-père, en 1415.

1447. Reconnaissance de Jean Bros à noble Guy Philippe, comme fils et héritier de noble Guillaume Philippe, seigneur de Saint-Chamans.

1440, 10 août. Reconnaissance en faveur de noble Guy Philippe, damoiseau, coseigneur de Saint-Chamans, par les hommes de la Greuze (3), qui déclarent avoir ci-devant reconnu le même village à feu noble Olivier de Saint-Chamans, grand-père dudict Guy Philippe, damoiseau. *Prefato Oliverii de Sancto Arnantio quondam* avo *dicti domicelli Guidonis Philippi.*

1461. Enquête du 18 janvier par laquelle il est prouvé que Guy Philippe était fils naturel et légitime et héritier universel de feu noble Guillaume Philippe.

1470. Montre où se trouve Guy Philippe en brigandin, Salade, Voulge, épée et dague à deux chevaux (4).

_____

(1) Il est à remarquer que cet acte est écrit en un mélange de latin, de français et de patois limousin. Guy s'y prénomme, en patois: *Guinot;* et il s'y nomme: *Phélip* et non Philippe. On a rencontré plus haut la forme *Philipps.*

(2) Vesséjoux, paroisse de Saint-Pardoux-la-Croizille, diocèse de Tulle.

(3) Sans doute, la Grèze, paroisse de Saint-Bonnet-Elvert, diocèse de Tulle.

(4) A cette montre, qui eut lieu le 2 janvier, à Eymoutiers, se trouvaient aussi :

« Helyot Philip, escuier, de Lagarde, homme d'armes à iiii chevaulx;

» Johan d'Ornhac, escuier, en brigandines, salade, voulge, espée dague à iii chevaulx. »

(G. Clément-Simon — *Bull. de la Soc. de Brive,* année 1889).

1469. Hommage et dénombrement à Charles, etc., de Ventadour pour la terre et seigneurie de Saint-Chamans.

IXᵉ Ayeul. — *Dixième degré pour mes enfants.*

1430. Guillaume Philippe (1), coseigneur de Saint-Chamans, y fait un arrangement.

C'est à peu près le tems de la mort d'Olivier (2), de Saint-Chamans qui mit Guillaume en possession de Saint-Chamans à l'exception de la petite directe de Béatrix de la Porte, femme d'Olivier et sa belle-sœur.

1422. Il fait un accord avec Guy de Saint-Chamans (3), au sujet du meurtre commis en la personne de Gérald Bos par Olivier de Saint-Chamans et Olivier, son fils. Ce meurtre répandit beaucoup de troubles dans la seconde branche, comme il arrive ordinairement des crimes.

1415. Noble Olivier de Saint-Chamans explique au curé de Monceaux qu'il lui doit vingt sols de rente et assigne vingt-cinq livres de rente à dame Béatrix de la Porte, femme d'Olivier de Saint-Chamans, son fils, sur un bien qui est reconnu ensuite à Léonard, à Hugues et aux descendants de Guillaume Philippe.

1405, 1404. Echanges de noble Guillaume Philippe, damoiseau.

1401. Echange de noble Guillaume Philippe.

1399. Acte de noble Guillaume Philippe, où il est question de son père.

Xᵉ Ayeul. — *Onzième degré des enfants.*

Olivier de Saint-Chamans a été dit, dans un acte, grand-père

---

(1) Voir plus loin une note sur les Philip.

(2) Olivier III, fils d'Olivier II et époux de Béatrix de la Porte, mort sans postérité, laissant ses biens à sa sœur, l'héritière de Saint-Pardoux-la-Croisille, épouse de Guillaume Philip, déjà coseigneur de Saint-Chamans par sa femme.

(3) Epoux de Charlotte de Saint-Bausire, qui institua Guy d'Orgnac pour son héritier.

de Guy Philippe, donc, père de Guillaume Philippe (1). Nous avons un acte de lui de 1415.

En 1410, en conséquence d'une sentence arbitrale, il fait un traité.

1386. Olivier de Saint-Chamans présent au mariage de N. de Noailles.

En 1392, les enfans de Pierre Gaydel obtiennent la permission de retarder l'hommage qu'ils devaient à Ventadour pour l'acquisition que Pierre Gaydel avait faite en 1376 d'un bien vendu par noble Olivier de Saint-Chamans, chevalier. Cette vente ne paraît pas avoir eu lieu.

Voilà, mes enfans, l'histoire de votre race remontée jusqu'au tems exigé pour les preuves de la cour. Le reste n'est que vanité. Cependant vous pouvez encore vous vanter de porter un nom bien antérieur aux preuves exigées et de remonter jusqu'aux tems les plus antiques.

———

XI° Ayeul.

Olivier Ier rend, en 1341, hommage de la terre châtellenie et forteresse de Saint-Chamans, étant mineur de vingt-cinq ans, majeur de quinze, fils et héritier universel de Hugon, coseigneur. Le terrain est le même que celui dont Guynot Philippe, Léonard et les autres descendans rendent hommage.

1339. Olivier de Saint-Chamans, damoiseau, fils de Hugon, coseigneur de Saint-Chamans, rend hommage à Joubert de Malemort, pour la terre de Molceaux. Il paraît qu'il épousa une Molceaux.

1333. Transaction entre Olivier de Saint-Chamans et les seigneurs de Tours (2) au sujet de la justice du bourg Saint-Martin qui a toujours été possédé dans la terre de Saint-Chamans par notre branche.

————————

(1) C'est une erreur. Voir plus loin la note sur les Philip.

(2) Sous le village de Salgues, paroisse de Neuville, il y a un puy du *Tour* qui domine la vallée de Saint-Chamans, et dont le sommet paraît avoir été fortifié. Il existe un autre puy du Tour, paroisse de Monceaux, entre le bourg de ce nom et Argentat. Le sommet de ce dernier est le siège d'une forteresse gauloise.

XII° Ayeul.

1323. Hommages de Hugon, damoiseau, de ce qu'il a à Saint-Chamans.

1281. *Hugo de Sancto-Amantio miles* fait hommage pour le château et ville de Saint-Chamans.

On ignore le nom de sa femme.

Nous voilà arrivés à la séparation des différentes branches.

En 1281, le château fort et ville de Saint-Chamans étaient possédés par :

Bertrand, Hugues, Bernard, Pierre, Guillaume de Saint-Chamans, chevaliers, se disant fils de Guillaume de Saint-Chamans ;

Guillaume d'Esparres (1), chevalier.

(2).

Branche ainée (3).

Bertrand, de 1274 à 1327.

Guy, époux de Marie d'Escorailles, 1327 à 1364.

---

(1) Esparro est le nom d'un ancien tènement de la paroisse de Monceaux. (Note de M. le docteur Léopold Morély, d'Argentat). *Will. Despairo* qui, dans la charte cxcii du *Cartulaire de Beaulieu*, suit immédiatement *U. de Sancto-Amancio* (an 1164), n'est-il pas l'un des coseigneurs de Saint-Chamans ?

(2) On trouve plus tard, comme coseigneurs de Saint-Chamans :
1351. N. Olivier de Cuelho, seigneur de Saint-Chamans.
1394. N. Pierre de *Cuelha* ou de la Cuelho douzel de Saint-Chamans.
(Papiers de M. le chanoine Flamary, chez M. Coudert, à la Garnie, Nonars. — Fonds des Lagarde du Chazal. — Papiers de M. le baron de Costa. Notes de M. J.-B. Champeval).

(3) Le marquis de Saint-Chamans ne donne ici qu'un raccourci de la première branche. Ce qu'il dit des aïeux communs antérieurs à Hugues, chef de la branche cadette, ne concorde pas avec la généalogie de La Chesnaye des Bois. Cependant, comme il était possesseur des titres et qu'il les cite, il y a lieu de croire qu'il ne s'est pas trompé.

Je crois devoir mettre sous les yeux le tableau de la première branche d'après La Chesnaye.

1re Branche.

I. Hercule de Saint-Chamans,	1180,	époux de Félise du Peschier,
II. Philippe,	1212,	ép. de Marie de Scorailles.
III. Bernard,	1241,	ép. de l'héritière de Montmège.
IV. Bertrand,	1270,	ép. de Souveraine de la Tour d'Auvergne.
V. Olivier,	1320,	ép. de Ebles de Bellegarde.

Jean, époux de Guillemette de Gimel, 1365 à 1404.

Guy, époux de Charlotte de Saint-Beauzile, 1407 à 1414, laisse la terre au fils de sa sœur, Bertrand d'Orgnac, à la charge du nom et armes (1).

Guy.

François, marie sa fille à Alain Frédéric d'Hautefort, à la charge du nom et armes.

Branche cadette.

Hugues, de 1281 à 1323.

Olivier Ier, 1333 à 1376.

Olivier II, 1376 à 1422.

Guillaume Philippe, 1401 à 1435 (2).

V[bis]. Gui	1342, ép. de Catherine de Cosnac,
VI. Jean,	(1409), ép. de Marguerite de Gimel.
VII. Gui (d'Ornhac),	1435, ép. de Jeanne de Lissac.
VIII. Bertrand,	1460, ép. de Marguerite d'Apchier.
IX. Jean,	(en 1511), épouse de Marguerite de Saint-Aulaire.
X. François,	(en 1551), ép. de Nicole de Morvilliers.
	(en 1551), 2° de Magdeleine de Montal.

XI. François, mort sans postérité après 1577.

Jeanne, sa sœur, unique héritière, épousa, en 1585, Alain-Frédéric de Hautefort.

Selon la généalogie dressée par le marquis Hippolyte et le tableau des seigneurs de Saint-Chamant au xiv° siècle (Voir cette pièce à l'*Appendice*) dressé aussi par lui, les aïeux communs dont sont issus Bertrand de 1274-1281 (branche aînée) et Hugues de 1281 (branche cadette) sont :

I. — Pierre de Saint-Chamans, neveu d'Odon, Grand-Maître du Temple, qui rend hommage en 1208 et qui eut pour fils :

1° Pierre, époux de Marguerite de Miremont, qui rend hommage, en 1281, avec Bertrand, Hugues, Bernard et Guillaume, ses neveux. Il paraît avoir eu pour fils Olivier. Les biens de cette branche sont allés à celle de Hugues ;

2° Guillaume, qui rend hommage avec son père en 1208, et qui suit ;

3° Autre Guillaume, religieux, cité par Baluze comme oncle de Bertrand et de ses frères Guillaume, Hugues et Pierre. (Acte de 1313).

II — Guillaume de 1208-1233, qui eut pour fils :

1° Bertrand, 2° Hugues, 3° Bernard, 4° Pierre (le Jeune), 5° Guillaume.

(1) Suivant la généalogie d'Ornhac-Saint-Chamans, c'est Gui d'Ornhac qui est le fils de Jean d'Ornhac et de Catherine de Saint-Chamans, sœur de Gui de Saint-Chamans ; et c'est ce Gui d'Ornhac qui hérita de Gui de Saint-Chamans, son oncle. Bertrand est le fils de ce dernier. Ceci paraît exact.

(2) Il est absolument certain qu'ici se trouve une erreur. L'auteur aurait dû écrire : Guillaume *Philip* et à sa suite, Guinot Philip, au

Guynot (ou Guy) Philippe, 1435 à 1471 (1).

lieu de Guillaume Philippe et de Guinot Philippe. Ces personnages n'appartiennent ni à la première ni à la seconde branche de Saint-Chamans, Philip n'est pas l'un de leurs prénoms, mais bien leur nom de famille, *Philippi* en latin, *Philip* en français et *Phelip* en langue limousine, qui se prononce *Féli*.

Je le soupçonnais depuis longtemps. Mais aujourd'hui, je puis en fournir la preuve, grâce à la note publiée par M. le chanoine Poulbrière sur les Philip de Saint-Viance (Bull. de la Soc. 1888), et surtout à celle que me communique à la dernière heure, M. J.-B. Champeval, l'infatigable et obligeant auteur de la *Géographie historique du Limousin*.

Le marquis Hippolyte fonde la filiation de Guillaume Philippe sur un acte dans lequel Olivier de Saint-Chamans est dit grand-père de Guy Philippe. De cet acte, ne résulte pas la preuve que Guillaume soit fils d'Olivier. Le point important est de savoir si Olivier est grand-père paternel ou grand-père maternel de Guy, c'est-à-dire, si Guillaume est le fils ou le gendre d'Olivier. Il nous apprend que Guy Philippe est fils de Guillaume Philippe et de l'héritière de Saint-Pardoux-la-Croizille. Le nom de cette héritière et sa filiation, c'est la clé.

M. le chanoine Poulbrière nomme, dans sa note précitée, « Noble Guillaume Philipp, du lieu de Laguenne, vivant au 12 août 1419 ». La coïncidence de prénom, de nom et de date était une forte présomption contre la filiation de Guillaume comme fils d'Olivier. Mais la note de M. Champeval est la preuve décisive, la voici :

« 1435. — Gui Philip, coseigneur de Saint-Chamans, agit comme successeur, par sa mère, d'Olivier de Saint-Chamans, coseigneur de Saint-Chamans, et fils de Guillaume Philip de la Guêne et de *Dauphine de Saint-Chamans*. (Papiers de la Garde). »

Cet Olivier est fils d'Olivier II; c'est l'époux de Béatrix de la Porte, mort sans postérité, le frère de Dauphine de Saint-Chamans, laquelle hérite de ses biens et les laisse à Guy Philip son fils.

Il résulte de ce qui précède que Guillaume Philip est le chef d'une nouvelle race dans la seconde branche, comme Guy d'Ornhac le devenait, presque en même temps, dans la première. Cette nouvelle race devrait donc être nommée de *Philip de Saint-Chamans*.

A partir de Léonard, fils de Guy, le nom de Philip cesse de paraître. Celui de Saint-Chamans lui est substitué.

(1) Guy Philip est aussi prénommé Guinot, en latin, *Guinotus*, diminutif de Guy, et encore Gedouin, dérivé sans doute, de *Guidonis*. Le marquis Hippolyte nous apprend qu'il avait épousé, en premières noces, Françoise de Saint-Exupéri, qui testa en 1435, et dont il n'eut qu'une fille. Elle était fille d'Hélie de Saint-Exupéry et de Jeanne Vayssière, dame en partie du Donpnion (de Pleaux), mariés en 1401 (Nad., IV, 134). Dans la relation de ce mariage, Guy est prénommé Gedouin. Il épouse ensuite sous les prénom et nom de Guinot Phelip, Souveraine de Noailles, avec laquelle il vivait l'an 1447. (Nad., III, 285). Il est probablement le même que Guy de Philip, seigneur de Merchadour, coseigneur de Saint-Chamans et de Montmège, qui épousa Marguerite de Cosnac, avec laquelle il vivait en 1467 (Note de M. J.-B. Champeval).

Bertrand de Philip, seigneur de Merchadour, coseigneur de Saint-Chamans, épousa, vers 1470, Marguerite de Cosnac, fille de

Léonard, 1471 à 1518 (1).

Hugues, 1518 à 1543.

Hélie, 1543 à 1568.

Jean, 1568 à 1612.

Pierre, 1603 à 1644.

Antoine, 1644 à 1675.

Antoine Gallot, 1676 à 1731.

Antoine Marie Hypolite.

Il paraît que la branche de Bernard a fondu dans la branche aînée.

4° Branche.

Pierre paraît de 1281 à 1302 ; mari de Marguerite de Miremont.

Pierre et Olivier.

Notre branche a hérité de celui-ci bien sûrement.

5ᵉ Branche.

Guillaume, de 1281 à 1327. Partie de ses biens paraît avoir été à la branche aînée, partie, à la nôtre.

Nous avons le contrat de mariage de ce Guillaume (2), de 1313. Afin de constituer une dot assez considérable à Galliana

---

Pierre et de Louise de Noailles et nièce de la première Marguerite de Cosnac. Devenue veuve de Bertrand, Marguerite épousa, 2° Louis de Combarel, seigneur du Gibanel ; 3° le seigneur de Saint-Projet (Nad., 1, 439, et note de M. J.-B. Champeval). Ce Bertrand Philip n'est pas nommé par le marquis Hippolyte. Il est, selon toute probabilité, frère de Guy Philip. Il paraît en 1448. (Arch. préfect. de Tulle, E. 239).

(1) La Chesnaye ne dit pas un mot de Guillaume Philip et il fait naître de Jean et de Marguerite de Gimel : 1° Gui, n° VII ; 2° Guinot Philippe, marié en 1447, à Souveraine de Noailles.

M. Laîné *(Nobiliaire du Limousin)* a relevé une grave erreur commise par La Chesnaye au sujet de ce Gui, époux de Jeanne de Lissac et fondateur de la race d'Orgnac-Saint-Chamans.

Selon La Chesnaye, de Gui et de Jeanne de Lissac, sont issus plusieurs enfants dont l'aîné, Bertrand, ayant épousé, en 1460, Marguerite d'Apchier eut d'elle : 1° Jean ; 2° Léonard, auteur de la seconde branche. Il y a ici une impossibilité. Le marquis Hippolyte reproduit le texte même d'une quittance, datée de 1473, par laquelle Léonard donne, en personne, quittance de la dot de Souveraine de Noailles, sa mère.

Pour la descendance de Léonard, ces deux généalogistes sont à peu près d'accord.

(2) Suivant le tableau dressé d'autre part, par le marquis Hippolyte, il était fils de Guillaume Iᵉʳ petit-fils de Pierre Iᵉʳ.

d'Osnac (1), pour épouser Guillaume de Saint-Chamans, se cotisent : Bertrand de Saint-Chamans, MM. de Merle, Ornhac, Faucher, Meilhars, la Vergne, Veyrac, Lanteuilh, Cosnac, Saint-Aulaire, Aigrefeuille, Saint-Martial, la Vaissière, Robert de Lignerac, Pestel, Tulles de Sainte-Fortunade, l'Estrades, Floirac, Bonafos de Saint-Serene (2), Hautefage, de Plas, Carbonnières, d'Escorailles, de Curemonte et de Lostanges, Rouffignac, la Raymondie, Chonac (3), Malefayde, Rinhac, Brachet, Bort, Bassinhac, Veilhan, Vigier, Durfort, Cazillac, d'Horfeuille (4).

La sixième branche de Guillaume d'Esparres a formé, à ce que l'on croit, la branche de Longueval, seigneurs de Saint-Chamans.

Il a fallu, mes enfans, bien du tems, du travail et de l'argent pour dénicher les différentes branches et coseigneuries.

1295, Guillaume de Saint-Chamans mène au voyage de Gascogne deux écuyers.

———

XIIIᵉ Ayeul.

Guillaume Iᵉʳ. Son père est témoin en 1233 d'une cession de la ville d'Huxelles (5) à Ebles de Ventadour. Il avait un frère religieux, nommé aussi Guillaume. Voici ce que Baluze en dit : *Fuit ergo ille natione Lemovicencis scilicet ex antiqua et nobili gente dominorum de Sancto-Amantio qui hodie vocantur de Saint-Chamans. Videtur autem fuisse patruus Bertrandi de Sancto-Amantio militis Domini loci de Sancto-Amantio cujus mentio extat in actis anni 1313 cum Guillermo, Hugone (6) et Petro de Saint-Chamans, fratribus ejus.*

———

(1) Asnac, fille de Raymond. — La Chesnaye.
(2) Saint-Céré.
(3) Chaunac.
(4) La Chesnaye dit que le nombre des seigneurs qui se cotisèrent est de soixante-sept. Ce contrat de mariage, à cause de sa singularité, était, en 1790, conservé à la Bibliothèque du roi, suivant le marquis Hippolyte.
(5) Ussel, Corrèze.
(6) Hugues ne figure pas dans ce passage de Baluze. — *Hist. Tutell., pp. 171, 172.* — Il ne figure pas non plus dans l'hommage de 1313, — *Idem. appendix, col. 607 à 610.* Mais le marquis Hippolyte, par l'hommage de 1281, montre que Hugues était, comme Bertrand, Bernard, Pierre et Guillaume, fils de Guillaume Iᵉʳ.

Quoique les actes de ce siècle soyent rares, on voit claire-
ment, par l'hommage de 1281, que Guillaume était fils de
Guillaume et que ce Guillaume, dans l'hommage de 1208, se
dit fils de Pierre.

————

XIIIᵉ Ayeul.

En 1208, Pierre de Saint-Chamans, chevalier, et Guillaume
de Saint-Chamans, son fils, rendent hommage au vicomte de
Ventadour pour les château, forteresse et ville de Saint-Chamans, acte où Pierre de Saint-Chamans est dit neveu du grand-
maître des Templiers, Eudes ou Odo de Saint-Chamans.

Collatéral Eudes, grand-maître des Templiers.

Eudes ou Odo de *Sancto-Amantio* fut d'abord séculier, maréchal du royaume de Jérusalem et, en 1160, vicomte de Jérusalem. Il signa, en conséquence, une donation de Baudouin IV,
roi de Jérusalem aux chevaliers de Saint-Jean. En 1175, il
paraît dans une charte d'accord entre l'église d'*Octes* et l'hô-
pital de Jérusalem. Il quitta l'état séculier, se fit chevalier du
Temple et devint grand-maître après Bertrand de Blanchefort (1).

1174. Il eut, comme grand-maître, un diplôme d'Amaury, roi
des Latins.

En 1179, il fit le traité de paix rapporté dans les preuves de
mes filles, dont l'original est à Malte, avec Roger des Mou-
lins, grand-maître de Saint-Jean de Jérusalem, et scellé de nos
armes (2).

————————

(1) Odon fut fait prisonnier par Noradin avec le grand-maître des
Templiers Bertrand de Blanchefort, dans une embuscade, près de
Panéas, ville de Phénicie, 1157. Devenu grand-maître, Odon et Joubert, grand-maître des Hospitaliers, furent chargés par Amaury, roi
de Jérusalem, du gouvernement de son royaume pendant un voyage
qu'il fit à Constantinople. Durant son magistère, Odon refusa de
livrer aux officiers de justice du roi, sous le prétexte qu'il n'était jus-
ticiable que du Pape, un de ses chevaliers qui avait traîtreusement
assassiné un envoyé du Vieux de la Montagne.

(2) Archives de Malthe, d'après une note du marquis Hippolyte.

Il fut pris dans une bataille contre Saladin, et voici ce que dit l'abbé de Vertot :

« Le grand-maître des Hospitaliers, percé de coups, eut encore assez de forces pour passer le Jourdain à la nage et gagner le château de Beaufort. Mais Odon de Saint-Amans, grand-maître des Templiers, accablé par le grand nombre, resta prisonnier.

» Robert Dumont, historien contemporain, rapporte que Saladin lui offrit sa liberté en échange d'un de ses neveux qui était prisonnier de l'ordre, mais que ce généreux grand-maître lui répondit courageusement qu'il ne voulait point, par ses exemples, autoriser ceux de ses religieux qui, dans l'espérance d'être rachetés, seroient assez lâches pour se rendre prisonniers ; qu'un Templier devait vaincre ou mourir et qu'il ne pouvait, au plus, donner, pour sa rançon, que sa ceinture et son couteau (1). »

Voilà, mes enfans, quelle était la façon de penser de mes ancêtres, il y a plus de six cents ans.

Arnauld de *Troyes* (2) fut grand-maître des Templiers après Odo de Saint-Chamans.

L'on voit dans l'histoire des Ordres militaires ce qui suit : neuf ans après la fondation des Templiers, en 1128, il y eut un concile à Troyes, où furent réglés les statuts de l'ordre et où se trouvent : Hugues, le maître de la chevalerie, frère Godefroy, frère Rocable, frère Geoffroy Bisot, frère Payen de Montdidier, Archambauld de Saint-Amans.

Il y a, à Saint-Germain-des-Prés, deux titres concernant cet Hugues.

Une bulle, 1115, renouvelée en 1154, accorde le droit de sépulture à Saint-Martin-de-Tulles, comme possédé de tems immémorial.

En 1154, Bertrand de Saint-Chamans prouve posséder les dixmes de Monceaux de tems immémorial.

_____

(1) « On ne sait de quelle manière, dit Vertot, il se tira des mains de ces barbares ; mais on verra par la suite qu'il revint à Jérusalem. » Il a oublié cette promesse, son *Histoire de Malthe* n'en dit pas plus long sur Odon.

(2) Arnauld de Torogo *(de Turre Rubrâ*, VIII° grand-maître.

XIVᵉ Aïeul.

En 1120, Bertrand et Belied (1) de Saint-Chamans, chevaliers, donnent ce qu'ils possèdent au territoire d'Agnanie (2).

———

XVᵉ Aïeul. — *16ᵉ degré de mes enfans.*

1040. Yves de Saint-Chamans, chevalier, fait une donation en présence de Robert de Dorfort (3) à l'abbaye de Valette.

Ne vous attendez pas, mes enfans, à des preuves aussi suivies dans ces tems reculés que dans ceux proches de nous. Et, après avoir bien lu ceci, réfléchissez sur le peu que vous connaissez de vos générations, en comparaison de celles qui se sont écoulées depuis le déluge. Remontez au père commun de tous les hommes. Souvenez-vous qu'ils sont tous frères ; que nous ne sommes que cendre et poussière ; mais que cette vile poussière renferme un héritier de l'éternité. Voilà notre auguste origine, notre véritable histoire ; frères et co-héritiers de Jésus-Christ, voilà ce dont nous devons nous glorifier.

———

(1) *Belieldis,* en latin.

(2) Ananie.

(3) Valette n'a été fondé qu'en 1138. Il y a donc ici une erreur. La Chesnaye-Desbois rapporte cette donation en ces termes : « Yves de Saint-Chamans, chevalier *(Yvo de Sancto-Amantio, miles)* fut donataire, en 1040, de l'abbaye de la Chalme (peut-être l'abbaye de La Chaume, dioc. de Nantes), en présence de Robert de Durfort. » Un peu plus loin, il dit : « Yves de Saint-Chamans, chevalier *(Yvo de Sancto-Amantio, miles),* paraît dans un acte de 1140, avec Thibaud de Durfort, son cousin. La même année, Robert de Durfort, chevalier, pour la succession d'Etienne Natra, et Guillaume de Noalac, (paroisse de Saint-Chamans), de Saint-Chamans, chevaliers, donnent à l'abbaye de Valette ce qu'ils avaient à la Chalm. On croit que ce Guillaume était père de Thibaut et Thibaut père d'Hercule. » C'est par Hercule que La Chesnaye commence la généalogie de Saint-Chamans.

« Dans le xiᵉ siècle, Eustorge, femme d'Adémar de Saint-Chamans, fit une donation au monastère d'Uzerche *(Cartulaire,* fᵒ 519 ; 185, fᵒ 58). Pierre de Saint-Chamans, moine, sans doute, frère d'Adémar, est cité contemporainement dans la charte d'une autre donation faite à Aldebert, abbé d'Uzerche, par Gaubert de Malemort. *(Idem,* fᵒ 039 ; 185, fᵒ 63). » — M. Lainé, *Nobiliaire du Limousin.*

Les armes de Saint-Chamans furent de tout temps à Obazine et à Coiroux. *Hist. de l'Ordre de Saint-Bernard.* (Note du marquis Hippolyte).

APPENDICE

—

I

SUITE DE LA GÉNÉALOGIE.

Le marquis Antoine-Marie-Hippolyte de Saint-Chamans, fils d'Antoine-Galliot, épousa Mlle de Fougières, dont il eut cinq enfants :

Georges (1), Charles (2), Fanny (3), Elisabeth (4), Amable (5).

I. *Branche aînée.* — Georges a épousé Mlle de Thienne, d'où cinq enfants :

1° Gaëtan, l'aîné, qui a épousé sa cousine germaine Noëmi-

•

(1) Marie-Georges, né le 6 juillet 1769, tenu sur les fonts baptismaux, en 1775, par le roi en personne, et par Mme Adélaïde de France. (La Chesnaye et le marquis Hippolyte).

(2) Né le 19 avril 1776, tenu sur les fonts baptismaux par M. le comte d'Artois et Mme la comtesse d'Artois. (La Chesnaye et le marquis Hippolyte).

(3) Marie-Françoise-Geneviève, née le 31 juillet 1774. (La Chesnaye).

(4) Elisabeth-Célestine, née le 8 janvier 1780. (La Chesnaye).

(5) Né le 5 mai 1781. (Marquis Hippolyte, Mémoires).

Fortunée-Marie-Modeste de Saint-Chamans, fille d'Amable et de Mlle de Maussabré, décédée le 6 décembre 1888.

Il est décédé le 15 janvier 1856. Le 12 avril 1829, il avait été nommé gentilhomme honoraire de la chambre du roi.

Il a laissé quatre enfants :

Stéphanie, décédée en 1870,

Valentine, mariée en 1867 à M. de Clérambault,

Mathilde, encore vivante,

Léontine, encore vivante,

Mme veuve comtesse de Saint-Chamans existe encore.

Le titre de marquis de Saint-Chamans appartenait à Gaëtan de Saint-Chamans, mais n'ayant pas de fils, il n'a pas jugé à propos de le prendre, et, de son vivant, son frère Louis, qui suit, ne prenait que celui de vicomte.

2° Louis, qui épousa Mlle de Gouvello, décédé le 18 avril 1864, d'où un fils, Henri, marié à Mlle de Rougé, décédé laissant un fils, le marquis Odon, et une fille, Marie, qui a épousé M. de Marcieu ;

3° Joséphine, mariée à M. Ernest-Henri de Thourette de la Muette, décédée à Tours, le 22 mai 1877 ;

4° Aglaé, mariée à M. de Maré, décédée ;

5° Zoé, mariée au marquis de Musset (1), décédée.

II. Charles, décédé sans enfants.

III. Fanny, mariée à Arnaud de Saint-Chamans, son cousin germain, décédée sans enfants.

IV. Elisabeth, mariée à M. de La Barre.

V. Amable, marié à Mlle de Maussabré, d'où une fille qui a épousé son cousin germain, Gaëtan de Saint-Chamans, ainsi qu'il est dit ci-dessus (2).

Descendance d'Alexandre-Louis de Saint-Chamans, fils d'Antoine-Galliot de Saint-Chamans et de Marie-Louise Larcher :

« Alexandre-Louis de Saint-Chamans, marquis de Saint-Chamans et de Montaiguillon, vicomte de la Barthe et de Robenac, seigneur de la ville de Villenauxe, né le 31 janvier

---

(1) Cousin du poète : Alfred de Musset.

(2) Cette partie de la généalogie m'a été fournie par M. de Clérambault.

1726, entré, en 1740 dans les gendarmes de la Garde ; fait en 1743, à l'âge de 17 ans, chevalier de Saint-Louis, pour s'être distingué à la bataille de Dettingen ; brigadier en 1745 ; maréchal de camp en 1748, a commandé les troupes qui défendaient la gauche du village de Bergen en 1759 ; a été fait lieutenant général des armées du roi, le 17 décembre de la même année ; s'est distingué pendant toute la dernière guerre, a eu des corps considérables sous ses ordres, tant comme maréchal de camp, que comme lieutenant général. Il est gouverneur de la ville de Saint-Venant en Artois, grand sénéchal d'épée de la province de Béarn, et chef de toute sa maison. Il épousa, le 10 mars 1747, Françoise-Aglaé-Sylvie le Tellier, née le 27 septembre 1727, fille de François-Louis, marquis de Souvré, lieutenant-général des armées du roi, chevalier de ses ordres, lieutenant-général de la province de Béarn et maître de la Garde-Robe du roy, et de Jeanne-Françoise-Dauvet des Marets, dont :

I. Amans, vicomte de Rebenac, né le 6 mai 1754, capitaine de cavalerie au régiment de Royal-Champagne,

II. Et Amable-Félicité-Gabrielle, née le 21 août 1759. »
(La Chesnaye des Bois).

Branche des seigneurs du Pescher, Branceilles, Pazayac, etc. (1)

« XIII. Edme de Saint Chamans, chevalier, seigneur du Pescher, etc., second fils de Jean et de Catherine de Gimel, fut fait héritier universel par le testament de son père du 3 novembre 1609. Il épousa, par contrat du 7 novembre 1611, Françoise de Badefol, fille de Gui, chevalier, seigneur dudit lieu, et de dame Isabeau de Pierre-Buffière, dont :

1° Jean-Antoine qui suit ;

2° Louis, mort sans alliance ;

3° et Catherine, mariée par contrat du 22 novembre 1633 à Jean-Georges d'Aubusson, chevalier, seigneur de Petaut, Miremont et Savignac.

XIV. Jean-Antoine de Saint-Chamans, chevalier, seigneur

---

(1) La Chesnaye des Bois.

de Pazayac, du Peschier, Branceilles, la Cour, etc., épousa par contrat du 1er décembre 1651, Marguerite Green de Saint-Marsault, fille de Charles, chevalier, seigneur de Gademoulin, de la Cour, la Foucaudière, la Palu, et de dame Marie du Breuil, dont :

1° Charles qui suit ;

2° Mathieu, chevalier, seigneur de la Cour, qui épousa en 1683, Gabrielle de Grimoard, fille de Jean, seigneur de Frateaux, maréchal de camp, et de Charlotte de Villeoutreys, dont :

Léonard, né en 1688, tenu sur les fonts baptismaux par Léonard, son oncle, et reçu page en 1704, mort sans postérité ; et N... de Saint-Chamans, qui épousa Jean Bertin, maître des requêtes, dont :

1° Henri-Léonard-Jean-Baptiste, ministre et secrétaire d'Etat ; 2° N... Bertin, appelé l'abbé Bertin, conseiller d'Etat ; 3° N... Bertin, qui a été évêque de Vannes ; 4° N... Bertin, mariée à N... de Mellet, seigneur de Neuvicq ; 5° N... Bertin, qui épousa M. de Fumel, seigneur de Montségur ; 6° et 7° et deux autres filles, mariées, l'une à N... Chapelle de Jumilhac-Cubjac ; et la dernière à N... de la Jaurie ;

3° Et Léonard, marié à N... de Baneuil, dont une fille, femme de M. de la Porte.

XV. Charles, comte de Saint-Chamans, seigneur de la Cour, du Peschier, Pazayac, etc., capitaine au régiment du Roi, cavalerie, épousa par contrat du 16 (1) juillet 1691. Marie-Constance de Saint-Julien, fille de Joseph, seigneur de Saint-Marc, baron de Berno, et de Constance des Escures, dont :

1° Louis qui suit ;

2° Jean, chevalier de Malthe ;

3° Et N... de Saint-Chamans, mariée à N... Chapelle de Jumilhac Saint-Jean.

XVI. Louis, marquis de Saint-Chamans, chevalier, seigneur du Peschier, Pazayac, Saint-Marc, etc., chef de la troisième branche, né le 12 février 1694, reçu page en 1708, a été fait successivement exempt des gardes du corps, mestre de camp

---

(1) Le 18. (*Preuves de Malthe. Préfecture de Lyon. J.-B. Champeval*).

de cavalerie et chevalier de Saint-Louis. Il a épousé par contrat du 7 juin 1731, Louise-Charlotte de Malezieu, fille de Pierre, lieutenant-général de l'artillerie et des armées du Roi, commandeur de l'Ordre de Saint-Louis, etc., et de Louise-Marthe Stoppa, dont :

1° Joseph-Louis qui suit :

2° Nicolas, mort sans postérité ;

3° N... de Saint-Chamans, mariée à N... de Douhet, baron d'Auzers ;

4° Margueritte, qui épousa en septembre 1762, Charles-Jacques-Louis de Meulan, écuyer, receveur des finances de Paris ;

5° Une autre fille, morte sans postérité, qui avait épousé N... de Sennezergues ;

6° Et N... de Saint-Chamans, dame Malthoise.

XVII. Joseph Louis, vicomte de Saint-Chamans, né le 23 septembre 1747, colonel du régiment de la Fère, infanterie, au mois d'avril 1771, épousa le 22 décembre 1773 Céleste-Augustine-Françoise Pinel du Manoir, fille de Philippe, écuyer, colonel de milices de la Guadeloupe, et de Magdeleine Giraud d'Orzol. Elle a été présentée en 1774. »

Dont :

1° Auguste, conseiller d'Etat, marié à Mlle de Vigneux, dont trois enfants : Odon (encore vivant) ; Mme de Mellet (encore vivante) ; Mme de Lambertye (encore vivante) ;

2° Alfred, général, décédé sans enfants ;

3° Mme de Lambertye, décédée (1).

II.

Bibliothèque nationale, vol. I 11 8 f.

Extrait de liste des pages du roi de la grande et petite écurie 1680-1765, suivie de la liste des pages des ducs d'Orléans, 1721-1729, publiées d'après les pièces originales du cabinet des titres par le comte David de Riocourt. — Paris, Dumoulin, 1880.

V. I, page 12, année 1704 : Léonard de Saint-Chamans (Périgord).

---

(1) Renseignements de M. de Clérambault.

II, page 13, année 1708 : Charles-Louis de Saint-Chamans (Périgord).

III, page 29, année 1759 : Louis-Nicolas de Saint-Chamans (Limousin).

IV, page 31, année 1762 : Joseph-Louis de Saint-Chamans (Périgord). — Cabinet des titres. 285 manuscrits, fonds français.

1672 : François de Saint-Chamans, fils d'Antoine.

III

EXTRAIT DE NOTES, ÉCRITURE DE GEORGES DE SAINT-CHAMANS.

1.

Au nom de Dieu, saichent tous présents et à venir qu'au château de Gimel, ont été personnellement établis : Messire Pierre de Gimel, chevalier de l'Ordre du Roy, seigneur et baron dudit lieu, de Sarrant, Ambures et de la Rochebriant, et demoiselle Catherine de Gimel, sa fille naturelle et légitime et de demoiselle Matheline d'Auriolle, femme dudit' seigneur de Gimel, d'une part,

Et noble Jean de Saint-Chamans, écuyer, seigneur du Peschier, Pazayac et Marchadour, fils naturel et légitime, héritier universel de H. et P. seigneur messire Hélie de Saint-Chamans, chevalier de l'Ordre du Roy et de dame Jehanne de Hautefort, sa consorte, d'autre part.

(S'ensuivent les conditions du mariage, omises dans la note).

Le 17 février 1571.

Présents : noble Hercule de Saint-Chamans, seigneur de Saint-Bauzile, oncle, noble Nicolas de Souillac, de Sainte-Fortunade, Saint-Maurice, Brugeac (ce doit être Drugeac), Fénis.

TEUILLÈRE, notaire royal.

2.

Par acte passé au lieu du Pêcher, constitué en personne François Myo (1) (c'est Miers, sans doute qui, en langue li-

---

(1) Ce doit être le M. de Miers que Pierre de Saint-Chamans tua dans la fameuse partie carrée où périt aussi M. de Lostanges.

mousine, se prononce Myé), baron de Marcillac près Curamonte, lequel a transporté et cédé à Jean de Saint-Chamans,
écuyer, seigneur du Peschier et à dame Jeanne d'Hautefort,
sa mère, dame du Peschier..... 6 juillet 1569.

3.

Preuves à la langue d'Auvergne de Jean de Saint-Chamans
(sans date).

Preuves à Malthe, en 1720, pour faire recevoir aux religieuses Malthoise, Marie Constance de Saint-Chamans, fille
de Charles de Saint-Chamans et de Marie-Constance de Saint-
Julien.

IV

SEIGNEURS DE SAINT-CHAMANS AU XIVᵉ SIÈCLE (1).

1208. Hommage par Pierre et Guillaume de Sᵗᵒ Amancio,
père et fils.

1233. Guillaume de Saint-Chamans présent à une cession à
la ville d'Ussel.

1274. Dans un procès pour les dîmes de Monceaux, Bertrand se dit fils de Guillaume.

*(1281. On trouve à la même date : 1º Pierre, 2º Guillaume,
3º Bertrand, fils de Guillaume, 4º Hugon, et 5º Bernard, tous
co-seigneurs du château et ville de Saint-Chamans, dont il font
hommage.)*

1º

1281. *Petrus de Sᵗᵒ Amancio, miles,* fait hommage pour le
château et ville de Saint-Chamans.

1302. Bourgonde de Miremont fait lire le testament de Boson
de Miremont par lequel il fait son héritier Guidonnet, son
petit-fils de Guidon, son fils, excepté des terres vers la Dordo-
gne, qu'il laisse à vie à Raymond, frère dudit Guidonnet, donne
à Machée, leur sœur, 400 livres à cause de son mariage avec
Hélie de Saint-Exupéri et 15 livres à Marguerite, sa sœur,

---

(1) Tableau synchronique en une seule page de cinq colonnes
dressé par le marquis Hippolyte de Saint-Chamans. Les nécessités
de l'impression ont déterminé le changement de forme.

femme de Pierre de Saint-Chamans. (Liasse 12, f° 12, cabinet de Gaignères).

1305. Testament de Raymond de Miremont. Nomme Luce, sa femme, et fait héritiers, par égales portions, Hélie de Saint-Exupéri et Olivier de Saint-Chamans.

Il faut observer que, par celui de 1302, Bourgonde de Miremont, femme de Gédouin de Miremont, se dit mère d'un autre Gédouin, de Raymond, de Machée et de Marguerite.

1302 et 1554. Léonard Solabel, du lieu de Saint-Chamans, reconnaît du seigneur François de Saint-Chamans aux droits de noble Hélie de Saint-Chamans, sgr de Merchadour, le village et tènement de la Brugière, paroisse de Forgès, autrefois acquis par Pierre de Saint-Chamans, père de Pierre par le contrat de 1302.

Ce Pierre, dont nous avons hérité, était fils de Pierre qui rend hommage en 1281, et Pierre, le jeune, petit-fils de ce Pierre, fils de Guillaume, père de Bertrand et de Guillaume.

Olivier, à qui Raymond de Miremont laisse par égale portion avec Hélie de Saint Exupéri, paraît fils de Pierre de Saint-Chamans et de Marguerite de Miremont (1).

2°

1281. *Guillermus de S^{to}-Amancio, miles,* fait hommage pour le château et ville de Saint-Chamans.

1294, 1295. Guillaume de Saint-Amans, chevalier, deux écuyers. (Bibliothèque du Roi, comput du voyage de Gascogne.

----

(1) 1357. Bertrand de Sartiges, *alias* de Montfort, coseigr. de Sartiges, mais acquéreur, en 1331, du repaire de Montfort (paroisse de Jallayrac?), fait avec Hélie de Saint-Exupéri et Aimeric de Saint-Chamans, chevalier, seigneurs de Miramont une transaction touchant l'hommage du repaire et de la chapelle du même lieu. (De Courcelles, Généalogie de la maison de Sartiges, p. 8 du tirage à part. Note de M. le chanoine Poulbrière.)

1330. Jean de la Garde, notaire. Vente par Pierre et Almeryc de Saint-Chamans, coseigneurs dudit lieu à Guillaume Maffre, d'Argentat, de quatre setiers une émine froment, mesure de la Chapelle-Beaupuy (La Chapelle-aux-Plas commune d'Argentat), deux poulets et demi de rente sur le mas de Las Fourches sis dans la paroisse d'Argentat.

(Brevet des titres des seigneurs de Soulages, pour servir au terrier, possédé par M. J. de Bar, d'Argentat.)

1305. *Guillermus de S^{to} Amancio*, présent au testament de Marguerite de Bruniquel, vicomtesse de Ventadour.

1313. Hommage de Guillaume, Pierre, Pierre, le jeune, frère de Bertrand.

1313. Son contrat de mariage où il se dit fils de Guillaume, conséquemment, frère de Bertrand. Il épouse Galliana d'Asnac.

1326. Acte de Guillaume, mari de Galliana d'Asnac.

1334. *Wilhelmus de S^{to} Amancio, miles*. (Abbaye de Saint-Germain-des-Prés. — Nécrologe de Solemniac, n° 542).

1340. Guillaume de Saint-Amans. (Comput de Jean le Mire et abbaye de Saint-Martin).

1323. Hommage de Bernard.

1315. *Guillelmus de S^{to} Amancio*.

En 1281, Guillaume de Saint-Chamans scellait de 3 fasces et d'une bande.

1336. Reconnaissance pardevant *Vinelis*, notaire, à noble Guillaume de Saint-Chamans, damoiseau.

3°

1281. *Bertrandus de S^{to} Amancio, miles*, fait hommage pour le château et la ville de Saint-Chamans, fils de Guillaume Ier par un acte de 1274.

1321. Investiture par Bertrand de Saint-Chamans, chevalier, à Monceaux.

1322, 1323. Reconnaissances à noble Bertrand de Saint-Chamans.

1327. Guy, fils de Bertrand, neveu.

1341. Vente à noble Guy.

1340. *Guido de S^{to} Amancio, domicellus*.

1342. Hommage de Guy pour Bassinhac.

1342. Hommage pour Saint-Chamans.

1363. Hommage à la dame de Malemort et de Brive du revenu de la Borie acquis de feu Bertrand (ou Bernard) Vigier.

En 1364. Guy mourut, Jean, son fils lui succède.

1367. Contrat de mariage original de Jean avec Guillemine de Gimel.

1376..... par Olivier.

1398. Hommage de Guillaume Lavaur à noble Jean, chevalier. 1398, terre vendue.

1398. Arrentement par Bernard. Ne sais ce que c'est que ce Bernard.

1401, 1404. Hommages de Jean de Saint-Chamans.

1404. A Jean, succède son fils Guy.

1407. *Guinotus de S^to Amancio*, présent au contrat de mariage de noble homme Léonard de Beaufort, damoiseau, du lieu de la Roche, avec noble et honnête dame Jeanne, fille de noble homme Hugon, *alias* Guy de Malafaide, damoiseau de la ville de Brive.

1428. Hommage de Guy.

1431. *Nobilis et potens vir Guido de S^to Amancio.*

1422. Guy traite avec Guillaume Philip au sujet du meurtre d'Olivier.

1417. Fait son testament; institue héritier Bertrand, fils de Guy d'Orgnac, lequel Guy avait épousé la fille de Guy de Saint-Chamans et de Charlotte de Saint-Bausire (Basile).

4°

1281. *Hugo de S^to Amancio, miles*, fait hommage pour le château et ville de Saint-Chamans.

1323. Hommage de Hugon, damoiseau, de ce qu'il a à Saint-Chamans.

1341. Hommage d'Olivier de Saint-Chamans, damoiseau, héritier universel de Hugon, mineur de vingt-cinq ans, majeur de quinze.

1330. Olivier de Saint-Chamans, damoiseau, fils de Hugon, fait hommage, pour la terre de Monceaux, à Jaubert de Malemort.

1376. *Nobilis vir Olivarius de S^to Amancio condominus castri et loci S^ti Amancii, minor 25 annis, vendidet nobili viro Petro Gaydelli, domicelli, Tutelensis diocesis, quartam partam castri et loci S^ti Amancii.*

1392. Permission aux enfants de Pierre Gaydel par Robert de Ventadour de retarder l'hommage qu'ils devaient pour les acquisitions qu'ils avaient faites de noble Olivier de Saint-Chamans, écuyer, seigneur dudit lieu.

1386. Fille dudit Olivier chez les Noailles.

1410. Fille d'Olivier de Saint-Chamans.

1415. Noble Olivier de Saint-Chamans explique à Mᵉ Jean Delpeuch, curé de Monceaux, que ledit archiprêtre lui doit dix sols de rente sur la Cheminade et qu'il doit assigner 25 livres à dame Béatrix de la Porte, femme d'Olivier de Saint-Chamans (son fils).

Ce titre porte :

Cet Olivier ne peut pas être celui qui fait hommage en 1341, étant âgé de 15 ans passés. Il était donc né en 1325, et, en 1415, il se serait trouvé âgé de 90 ans. Il y a donc eu trois Olivier de suite ou une génération encore. Olivier de 1341 et Olivier de 1376, qui commit l'homicide avec son fils.

1422. Acte du même.

En 1433. Olivier, le dernier, était mort.

1415. Reconnaissance à noble Olivier de Saint-Chamans.

5°

1281. *Bernardus de Sᵗᵒ Amancio, miles*, fait hommage pour le château et ville de Saint-Chamans.

1327. Bernard de Saint-Chamans scelle un acte de son sceau.

Le contre-scel représente un lion rampant. Cet acte passé en présence de Guy de Saint-Chamans, neveu de Bernard, et scellé du sceau dudit Guy, représentant un lion rampant.

1341. Hommage rendu par noble Géraud de Saint-Chamans, damoiseau, co-seigneur dudit lieu, au vicomte de Ventadour, de tous droits de propriétés, cens, rentes, justice, dans le château et lieu de Saint-Chamans, Forgès, Saint-Bonnet et autres. Il y est fait mention de Guy de Saint-Chamans, chevalier, et d'Olivier de Saint-Chamans, damoiseau. Sont les trois co-seigneurs de Saint-Chamans. Je crois Géraud frère d'Olivier.

(Sans date). Antoine de Saint-Chamans.

En 1441, Guy de Saint-Chamans reçoit l'hommage de noble Bertrand Maffre d'Argentat, à l'exception d'un Vignal qu'il tient des héritiers de Léonard de Saint-Chamans.

ARMES.

Saint-Chamans.

A la grosse tour de Saint-Chamans, *écu à 3 trois fasces viurées ou danchées.*

Aux deux chapelles latérales de l'église de Saint-Chamans, clés de voûte, *écu à 3 fasces.*

Sceau du préposé aux droits de l'église de Saint-Chamans, *écu à 3 fasces.*

1281. Guillaume de Saint-Chamans scellait de *3 fasces et d'une bande* (Marquis Hippolyte).

1327. Bernard, contre-scel : *un lion rampant.* (Id.)

1327. Sigil. Bernardi de Santo-Amantio. *Ecu droit à 3 fasces,* contre-scel, *un lion rampant.* (Philippe de Bosredon).

1327. Guy, *écu droit à un lion.* (Id.)

1369. Jean, *fascé de six pièces.* (Id.)

1506-1549. Marie, abbesse de Bonne-Saigne, *de sinople à 3 fasces danchées d'argent.* (Dictionnaire statistique du Cantal.) Comme à la tour de Saint-Chamans.

153. Hélie, *écu droit à 3 fasces, au chef chargé d'une engrelure, surmonté d'un fleuron et accosté de deux palmettes.*

1573. François de Saint-Chamans du Pescher, chevalier de Malthe, *de sinople à 5 fasces dentées d'argent.* (*Annales,* Bonaventure de Saint-Amable.)

1672. François, fils d'Antoine, *d'argent à 3 fasces de sinople au filet viuré de gueules en chef.* (Bibl. nat., cabinet des titres, 285). N'est-ce pas une erreur ? Les émaux sont intervertis.

1856. Gaëtan de Saint-Chamans et Noëmi-Marie-Modeste de Saint-Chamans, *écus accolés, chacun à 3 faces et à une engrelure en chef, surmontés d'une couronne de comte.* Cimier : *un sauvage issant de la couronne.* Devise : *Nil nisi vincit amor.* Ce sont les armes que donne La Chesnaye. Le champ est *de sinople; les fasces et l'engrelure* sont d'argent, les *sauvages de carnation.*

TABLEAU GÉNÉRAL

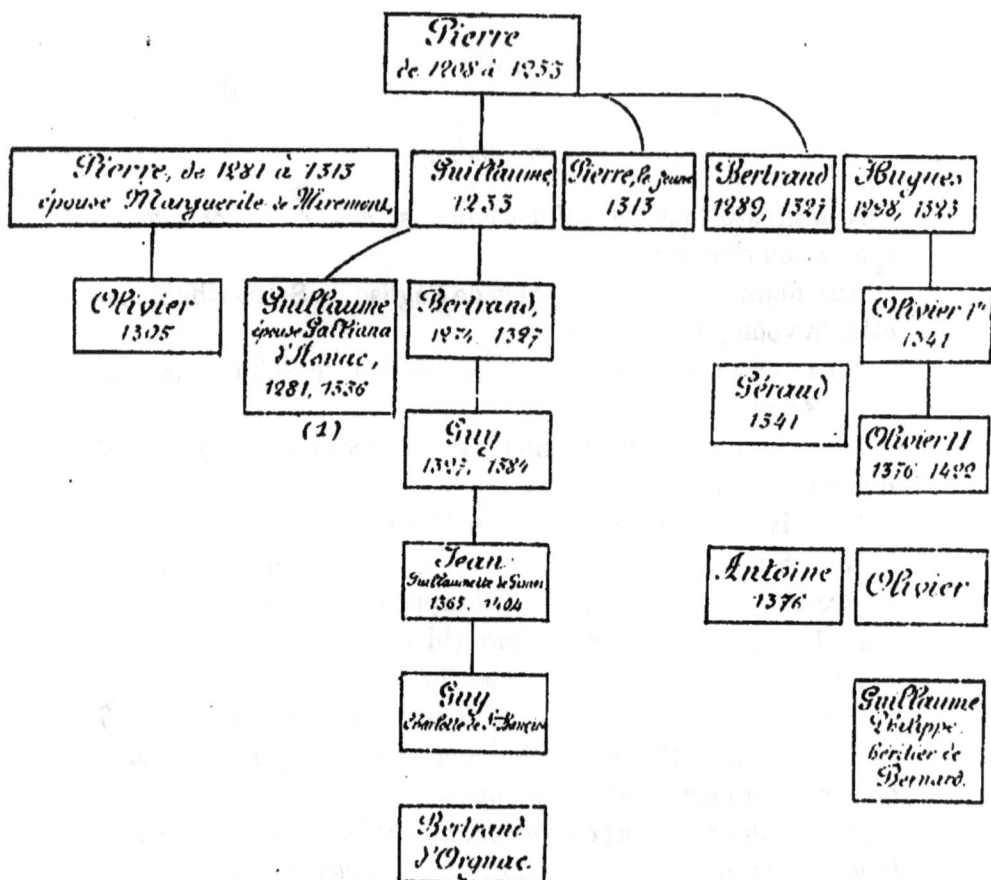

Pierre
de 1208 à 1233

Pierre, de 1281 à 1313 épouse Marguerite de Miremont

Guillaume 1233

Pierre, le jeune 1313

Bertrand 1289, 1327

Hugues 1298, 1323

Olivier 1305

Guillaume épouse Galliana d'Annac, 1281, 1336 (1)

Bertrand, 1274, 1327

Olivier I.er 1341

Géraud 1341

Guy 1327, 1384

Olivier II 1376, 1422

Jean Guillaumette de Sanas 1365, 1404

Antoine 1376

Olivier

Guy Charlotte de St. Saveur

Guillaume Philippe héritier de Bernard.

Bertrand d'Orgnac.

(1) Guillaume 1.er rend hommage avec Pierre, son père, en 1208. Il devait être majeur de 15 ans au moins, ce qui le ferait naître, au plus tard, en 1193. Il ne paraît plus après 1233. Guillaume II son fils, chevalier, rend hommage avec ses frères en 1281. En 1313 un Guillaume, damoiseau, rend hommage avec ses frères. C'est l'époux de Galliana d'Annac, et son contrat de mariage est de cette même année 1313.

Si ce dernier est le même que celui de 1281, en supposant qu'il n'ait été alors majeur que de 15 ans, il aurait eu 47 ans en 1313, et lors de sa naissance, son père aurait eu 16 ans. Rien ne prouve cependant qu'il ne soit pas né plus tôt, mais alors il se marierait bien vieux.

Cette observation porte à croire à l'existence d'un Guillaume intermédiaire, celui qui rend hommage en 1281 et qui serait fils du premier Guillaume et père d'un troisième, l'époux de Galliana d'Annac.

L'observation acquiert plus de valeur si l'on considère que le Guillaume de 1281 est qualifié de chevalier et que celui de 1313 n'est encore que damoiseau.

de Saint-Chamans, seigneurs du Peschor et barons de Saint-Chamans

ORNHAC.

D'or à 3 corbeaux de sable.

PHILIP DE SAINT-VIANCE.

« Leurs armes quelquefois mal lues ou modifiées par des brisures, se voient sur les litres de Saint-Viance et d'Objat, sur les pierres et les plaques des cheminées du château du Bigeardel, paroisse de Perpezac-le-Noir, ainsi que dans les sceaux armoriés de la Sigillographie parue à Brive. Ils portaient, tantôt *coupé d'azur un cor de chasse d'or, lié et enguiché de gueules, accompagné de trois étoiles d'argent et d'un burelé d'or et d'azur.* » (Chanoine Poulbrière, note sur la dernière maison de Saint-Viance, *Bull. de la Soc.*, 1888.)

LESTRANGE.

De gueules, au léopard d'argent et deux lions adossés d'or, mal ordonnés. (Nadaud.)

Ces armes étaient à la clé de voûte du vieux sanctuaire de Lapleau. — (Note de M. le chanoine Poulbrière.)

NOTES ISOLÉES.

I

La famille Couder qui, ayant acheté le château de Saint-Chamand (Cantal), a pris le nom de Couder de Saint-Chamand, n'a rien de commun avec les Saint-Chamans du Bas-Limousin.

II

Les seigneurs de Saint-Chamans avaient juridiction sur quelque partie de la ville d'Argentat. Ils étaient dans l'usage, pour affermer leurs droits, de faire heurter annuellement avec le *bastant,* à la porte du sieur Lavaur, qui se trouvait dans cette partie. Cette cérémonie eut lieu en 1735, comme le constatent les archives de Tulle, série B, 1602. (*Relevé par M. le chanoine Poulbrière*).

III

1762. Les assises de la juridiction de Saint-Chamans se tinrent au bourg de Forgès, le lendemain de l'octave du Saint-Sacrement (probablement suivant la coutume. (*Id.*).

IV

Au presbytère de Saint-Chamans. Statue de Sainte Madeleine avec son vase de parfums dans la main gauche et une banderole dans la droite ; 0^{m}90 environ ; corsage extrêmement court, chevelure à longue tresse. xve siècle.

Deux statues de pleureuses ayant appartenu à un tombeau des Saint-Chamans. Mérite plastique. (*Id.*).

V

M. des Ardilliers, receveur des Domaines, a présenté, il y a quelques années au roi une carte contenant la liste des châtellenies qui existoient du tems de Hugues Capet. La châtellenie, fort et ville de Saint-Chamans est du petit nombre des châtellenies des châtelains de ce tems là dont les châtellenies existent encore. (Cabinet particulier de Louis XVI). — Note du marquis A. Hippolyte).

VI

Rapport fait au nom de la commission chargée de l'examen

des papiers trouvés chez Robespierre et ses complices, par Courtois. — Paris, Imprimerie nationale, nivôse an IIIᵉ de la République.

Liste des condamnés à la déportation. — Extrait du registre du Comité de salut public et de sûreté générale,

P. 167 :

Fille Saint-Chamant (Marie Fr. Geneviève) (1), âgée de 19 ans, ex-noble, fille d'un ci-devant lieutenant-général, rue de Vendôme, section du Temple, à la caserne, rue de *Sève*, sœur d'émigré, beaucoup prononcée, quoique très jeune, contre la révolution et pour le fanatisme.

Fille Saint-Chamant (Adèle-Catherine-Marie), âgée de 15 ans, ex-noble, etc. (comme dessus).

Fait à Paris, le 15 messidor, l'an IIᵉ.

VII

« Dans le xiᵉ siècle, Eustorge, femme d'Adémar de Saint-Chamans, fit une donation au monastère d'Userche. (Cartul. fol. 519 ; 185, fol. 58). Pierre de Saint-Chamans, moine, sans doute frère d'Adémar, est cité contemporainement dans la charte d'une autre donation faite à Aldebert, abbé d'Uzerche ; par Gaubert de Malemort. (*Idem*. fol. 639 ; 185, fol. 63). Hercule, seigneur de Saint-Chamans, chevalier, vivant en 1180, épousa Félize, dame du Pescher. Leur postérité s'est éteinte en 1400. Catherine, dame de Saint-Chamans et du Pescher, porta ces deux terres avant cette époque à son mari Jean d'Ornhac, co-seigneur du Pescher. Leur fils, Gui d'Ornhac, en recueillant les biens de sa mère, quitta le nom et les armes d'Ornhac pour prendre ceux de Saint-Chamans. C'est de cette seconde maison de Saint-Chamans que sont descendus les marquis et les comtes de Saint-Chamans, quoique La Chenaye Desbois n'en fasse qu'une seule et même race avec les premiers seigneurs de Saint-Chamans. » — (M. Lainé, *Nob. du Lim.*).

---

(1) Fille du marquis Antoine-Marie-Hippolyte.

VIII

Le 23 décembre 1626. Au château du Jayle (1), personnellement constituée et établie en sa personne, noble Françoise de Saint-Chamans, comme tutrice et légitime administraresse de noble Anthoyne de Cosnac, son fils, sieur de Bordes et Caviallon, quittance à Jean Durfort, marchand, de Servières, de huit quartes de blé seigle, mesure de Servières, de 25 sols tournois d'argent de rente dus par lui annuellement sur les domaines de Bordes, pour le prix et somme de 43 livres tournois. — (Fonds de Bar, d'Argentat).

(1) Près de Saint-Xantin-Malemort, commune de Brive (Corrèze).

ERRATA

des

NOTES ET DOCUMENTS POUR SERVIR A L'HISTOIRE DE LA MAISON DE SAINT-CHAMANS.

Bulletin de la Société des Lettres, Sciences et Arts de la Corrèze, année 1885 et tirage à part même année.

———

Les nombres de la première colonne indiquent les pages du Bulletin, ceux de la seconde, celles du tirage à part et ceux de la troisième, les lignes.

NOTA. — Le présent errata ne relève que les erreurs personnelles de l'auteur.

———

p.	p.	l.	
187	8	19	*Après* Saint-Amant, *ajoutez :* et par exception ou fautivement.
—	—	22	*Supprimez la note* (3) : Cette commune, etc.
—	—	25	*Au lieu de* Amand, *lisez :* Amant. *Supprimez* (ou Amans).
188	9	32	Fin de la note (4) de la page précédente, *ajoutez :* Les membres que le *Triboulet* indique comme représentant aujourd'hui la famille de Saint-Chamans sont ceux de la branche cadette.
191	12	16	*Au lieu de* 1840, *lisez :* 1040.
—	—	24	— Amans, *lisez :* Amant.
194	15	30	— Lêtrange, *lisez :* Lestrange.
—	—	31	— L'apanage de certains membres de la maison de Saint-Chamans qui en prirent le nom, *lisez :* en possession de certains membres de la maison de Lestrange, qui prirent le titre de coseigneur de Saint-Chamans.

p.	p.	l.	
196	17		La reproduction du sceau par M. Soulié est exacte. Cependant il convient de restituer deux lettres à peine visibles après AMANCII (peut-être AMANTII), qui sont : EC. En conséquence, *il faut lire* : SGL. DS AMANCII EC P POSIT DE IVRIBVS
202	26		Plan du château. *Ajoutez :* Echelle de 1 mètre / 1250. Orientation : Le haut du dessin est au N.-N.-d'Est.
515	31	8	*Supprimer l'alinéa :* Vers 1113, etc. Le personnage dont il s'agit ici est Gaubert d'Armand.
517	33	28	L'attribution de ce Bertrand de Saint-Amand est réservée ainsi que Pétronille de Saint-Amand sa femme et d'Archambaud de Saint-Amans, abbé de Solignac, issu d'eux, quoique au concile de Troyes, où furent réglés les statuts de l'ordre du Temple, 1128, se soit trouvé Archambaud de Saint-Amans revendiqué par la famille de Saint-Chamans.
518	34	3	*Au lieu de* N. de Saint-Amanz Palissas, *lisez :* U. de Saint-Amanz Palisas. Et dans le même alinéa, *au lieu de* 1180, *lisez :* 1190.
519	35	31	*Après* Bertrand, virgule. *Après* Pierre, virgule.
520	36	15	Attribution réservée de Siguina de Saint-Amant.
—	—	18	*Après* chevalier, virgule.
—	—	15	*Au lieu de* Armand, *lisez :* Arnaud.
—	—	24	— préposé, *lisez :* prévôt.
522	38	8	*Supprimez tout l'alinéa commençant par Bertrand de Saint-Chamans.*
—	—	24	*Au lieu de* Saint-Martial de Limoges, *lisez :* Solignac. L'abbé Archambaud IV demeure réservé.

p.	p.	l.	
523	39	6	Même réserve pour Raymond de Saint-Amand.
524	40	13	*Au lieu de* ainsi qu'il est rapporté, *lisez* : il est mentionné.
527	43	25	*Supprimez* 1407.
—	—	29	*Après* Roffignac, *ajoutez* fille d'Hélie de Saint-Exupéri et de Jeanne Veyssière dame en partie du Donpnion, mariés en 1401.
528	44	5	Réserve encore pour le frère Robert de Saint-Aman.
—	—	29	Réserve encore pour Guillaume de Saint-Amand.
533	49	29	*Supprimez* au temps du pape Clément VI *et ajoutez* deuxième fils de Bertrand de Saint-Chamans et de Marguerite d'Apchier, protonotaire apostolique.
534	50	2	*Supprimez* descendant de Bertrand *et ajoutez* son frère, époux de Marguerite de Saint-Aulaire.
—	—	14	*Au lieu de* dont la sœur, *lisez* frère de *et supprimez tout le reste de l'alinéa.*
527	53	3	Réserve pour Jeanne de Saint-Amant.
540	56	4	*Au lieu de* vingt-sixième, *lisez* : trente-sixième.
—	—	7	Alinéa à supprimer.
548	64	16	La relation des sévices de François de Hautefort contre Pierre de Fénis est à rectifier. M. Louis de Veyssières possède l'arrêt du Parlement de Bordeaux, qui est du 2 mai 1608. Il nous apprendra le fin mot de cette histoire. Voir à ce sujet *Le Livre de raison des Baluze* (Bull. de la Soc. 1887). Ignace de Fénis n'épousa pas, comme je l'ai écrit à tort, Madeleine de Hautefort, mais bien Madeleine de Saint-Chamans, fille de Pierre et d'Aymée de Pontallier.
552	68	24	*Au lieu de* 1617, *lisez* : 1517.
—	—	27	— 1653. — 1634.

p.	p.	l.	
554	70	21	*Au lieu de* à Priaux (ou Prioux) L. Jean Bonneval, Poitiers, *lisez* : de Bonneval diocèse de Poitiers, à Priaux.
558	74	6	*Supprimez l'alinéa commençant par* 1830-1884.
567	83	32	*Supprimez la note* (1) C'est sans doute.....

ERRATA DE LA SECONDE PARTIE.

RÉCIT GÉNÉALOGIQUE.

Bulletins des années 1889 et 1890 et tirage à part de 1890.

1889. Pages 330 et 8, ligne 19 et note (1), *au lieu de* Clérambauld, *lisez* : Clérambault.

— — 344 23, ligne 8, *au lieu de* Marie et Léoni, *lisez :* Marie de Léoni.

1890. — 100 55, ligne 18, *au lieu de* épouse de Marguerite, *lisez* : époux de Marguerite.

— — — *Remplacez la note* (1) *par :* Guy d'Orgnac, père de Bertrand, avait déjà hérité de Catherine de Saint-Chamans, sa mère, de partie de la terre de Saint-Chamans et de la comptoirie de Scorailles.

1890. Généalogie de Saint-Chamans. *Au lieu de :* Guibert d'Ornhac, chevalier l'an 1313, *lisez* : Guilbert, etc.

Sous : Jeanne d'Ornhac femme de Gui de Lasteirie, etc., *ajoutez :* une accolade *et au-dessous :* Marguerite de Lasteyrie épousa le 14 avril 1386 Jean seigneur de Noailles.